ちくま文庫

ロシア語だけの青春

黒田龍之助

筑摩書房

プロローグ　東京の真ん中にロシアがあった

一九八二年早春、午後六時の代々木《よよぎ》駅。西口には予備校が林立し、専門学校や政治政党などもあって、人どおりが激しく、賑やかだ。

それに比べると、東口はひっそりとしている。小さな改札を抜ければ、すぐに急な下り階段がはじまる。足元に気をつけながら下りてゆくと、やがて平らになるが、しばらく歩けば今度は上り階段。これを上がりきると、目の前を走る狭い道の向こうに、雑居ビルが立ち並ぶ。正面に位置するのが、目指す建物だ。入口に扉はなく、いきなり狭くて古い階段である。薄暗くて、入るのをちょっと躊躇《ためら》うが、看板が出ているのだから間違いない。勇気を出してまっすぐ十四段を上ると、すこし広くなっていて、そこでまた一段。その先はさらに、狭い階段が続く。どんなに細い人でも、ふたり並ぶのは無理だろう。八段上って、そこで方向を換え、さらに七段。東口改札から数えて、いくつの階段を上り下りしたことか。
だが、たったこれだけの距離を進めば、その先はロシアだった。
ИНСТИТУТ РУССКОГО ЯЗЫКА «МИР»
ミール・ロシア語研究所。
わたしの母校である。

その頃のわたしは、勉強にも部活動にも興味のない高校生だった。授業が終わればさっさと下校し、途中で図書館に寄って気に入った本を借り出しては、それを家で読む日々。それでとくに不満もなかった。

勉強に興味はなくても、外国語は大好きだった。高校以前、中学生か、ひょっとすると小学生の頃から、なにも分かっていないクセに魅かれていた。ただしこの場合の外国語とは、英語以外を指す。英語は成績とか競争といった実利と密接に結びつく、将来のためといって推奨される優等生科目。成績は並み以下、運動神経が完全に欠如したドン臭い高校生にとって、英語は遠い存在だった。

英語以外の外国語だったら、なんでもかまわなかった。ひとりで自由に楽しめるのなら、何語だってよかったのである。両親は揃って英語も合わせて外国語ができないから、なにを選んだところで口出しされる心配はない。

ところが不幸にして、母方の親戚にはいろいろな外国語に触れている人びとがいた。祖父は旧制高校で、ドイツ語が得意だったらしい。英語が得意な叔母は、フランス語にも磨きをかけている。南米出張の多い叔父は、スペイン語が得意だというし、もう一人のエンジニアの叔父は、仕事が台湾と関係しているため中国語の心得があると聞く。

親戚というものは、金は出さないが口は出す。これは高校から解き放たれ、外国語を自由に楽しみたいときに、大きな障害となる。さもないと「△△語だったら××おじさんに聞くといいよ」などという、余計なアドバイスが出そうではないか。

被りたくない。切実にそう願った。

高校生だったわたしには、外国語といえばNHKのラジオやテレビで開講されている種類以上の発想がなかった。当時は英語以外に五つの言語が学べたが、そのうちドイツ語、フランス語、スペイン語、中国語が、すでに親戚によって「侵食」されている。

残りはロシア語しかなかった。

だが、これはむしろ幸運だった。NHKのテレビ講座を観比べた結果、もっとも惹かれたのがロシア語だったからである。

最大の魅力は文字だ。NやRの裏返し。見たこともないЖやШ。こんなのが読み書きできたら、どんなに素敵だろうか。たったそれだけの、単純な気持ちなのだが、そのうち暇さえあれば、ビデオに録画したテレビ講座を眺め、さらにラジオ講座も聴くようになった。

しばらくすると、学校に通ってきちんと勉強したくなった。親はなにもいわずに許してくれた。そこで高校一年生の秋から一年半、新宿にあるカルチャーセンターでロシア語を学ぶ。初級・中級・上級と半年コースを順調に進み、最後にはチェーホフの『桜の園』を原書で講読するまでになった。高校二年生のわたしは誇らしさでいっぱいだったが、さりとてそれを語れる友人がいるわけでなく、ただ一人で辞書を引いたり、ロシア文学の邦訳を読み漁ったりしていた。

その頃、ロシア語にも検定試験があることを聞きつけ、受けてみようと思い立った。いまでは検定試験なんてまったく興味がないのだが、なんのスキルもない高校生には、そんなものでも励みになる。これまで学んだことの総復習のつもりで、受検することにした。受かったら、友だちにもロシア語のことを話そうかな。

だが結果は不合格だった。通知によれば、文法や和訳はまずまずだったが、聴き取りと露訳が悪かったことが敗因だという。つまり自分からアウトプットする能力がない。辞書を片手にチェーホフでは、それも当然だろう。

そこで高校三年生からは、もっと本格的なロシア語学校に通って、満遍《まんべん》なく語学力を伸ばしたいと考えた。

ちょうどその頃、偶然にも言語学とチェコ語で有名な大学の先生と会う機会に恵まれた。わたしは早速、ロシア語を伸ばすにはどのような学校で学べばよいか尋ねてみた。

「だったらミール・ロシア語研究所」

先生は即答だった。

「ロシア語学校は他にもいろいろある。だが大手の学校では、先生が入れ代わり立ち代わり教壇に立つ。都合が悪いとすぐに代役を立てる。そういう学校の生徒に、誰にロシア語を習ったのか尋ねても、みんな答えられない。だがミールは違う。全員が東《あずま》先生に教わったと答えられる。学校はそうでなくちゃダメなんだ」

わたしはミール・ロシア語研究所について、調べてみることにした。幸い、ＮＨＫテキストに広告が掲載されていたので、これを頼りに電話をかける。

出たのは女性だった。事務の人だろうか。すこし話をしたところ、まずは授業を見学するよういわれ、曜日と時間が指定された。もちろん行くしかない。話がどんどん進んでいく。

こうして、それまで縁もゆかりもなかった代々木駅に、十七歳のわたしは生まれてはじめて降り立った。

ただ向かう改札口が、多くの同世代とは違っていたのである。

わたしはここに、ミール・ロシア語研究所の物語を書き留めようと思う。

高校三年生から十年以上、多くの時間を費やしてここに学び、のちには教えることになった大切な母校。留学する機会に恵まれず、そもそも大学のロシア語学科に進学することさえ、当初は叶わなかったわたしが、それでもロシア語を身につけ、通訳や教育の仕事に就くことができたのは、すべてミールのおかげなのである。

ミールには独自の教育法があった。それはごく単純なものだが、その代わり確実に身につく。留学や検定試験では決して得られない成果が、必ず得られるのである。ただしそのためには、教師と生徒が辛抱強く、学習を継続することが前提となる。そのことも記録しておきたい。

ロシア語のことしか考えていなかった青春の日々。いま振り返れば、あまりの恥ずかしさに居たたまれないほどなのだが、混乱する現在の外国語教育をもう一度考え直すため、恥を忍んでここに記すのである。

ミール・ロシア語研究所は一九五八年六月に創立され、二〇一三年に閉校しました。五十五年もの長きにわたって、多くの生徒が学び、ロシア語の専門家として巣立って行きました。わたしがここに書く物語は、ミールの長い歴史のなかのほんの一部、しかもごく個人的な話にすぎません。この学校の全体像については、『ミール・ロシア語研究所 55年の軌跡 生徒の文集』（ミール文集編集委員会編、非売品）に詳しく、本書でもそのデータなどを使わせていただきました。

この学校は東一夫《あずまかずお》先生、東多喜《あずまたき》子《こ》先生ご夫妻が中心となって教えておられました。この先はおふたりのことをそれぞれ一夫先生、多喜子先生と呼ぶことにします。

目次

ロシア語だけの青春

第Ⅰ部　生徒として

第一章　ヘンな高校生の「入門」

たどり着いた代々木駅東口のミール・ロシア語研究所は、雑居ビルの二室を借りているだけの、ささやかな学校だった。入口にブザーがついていて、「ご用の方はこのボタンを押して下さい」とある。素直に押してみると、廊下中に響き渡るような大きな音がして、ちょっとドギマギする。

ドアが開いて、黒いショールを纏《まと》った女性が出てきた。

「はい」

あ、あの、昨日お電話して、見学するようにいわれまして……。

「どうぞ」

この声は、問い合わせのとき電話に出た女性に違いない。ということは、事務の女性ではなくて、先生ご自身だったのか。推測どおり、彼女が東多喜子《あずまたきこ》先生だった。

先生に促されて、教室に入る。狭い室内には、テーブルがロの字型に並べられ、そこに生徒が四、五人座っていた。ドアからすぐ右側の席に着いた多喜子先生は、わたしに空いている席を指し示し、そこに座って見学するようにいった。わたしは用意しておいた教科書を机に置いて、該当箇所を開きながら、授業風景を眺めることにした。

ミール・ロシア語研究所の入口　撮影：篠田英美

そのときどのような授業が展開されたのか、残念ながら覚えていない。ただひとつ、生徒が不自然なまでに大きな声で発音することが、印象的だった。教科書をしっかりと手に持って、胸を張って朗々と発音する。声が大きいのは多喜子先生も変わらない。だが先生の発音は不自然ではない。いったいどこが違うのだろう。わたしには不思議で仕方ない。

これが学習上どれだけ大切なテーマか、当時は想像すらできなかった。

授業が終わった。生徒たちはバラバラと教室を出ていき、多喜子先生とわたしだけが残る。三月でまだ寒い教室には、灯油ストーブが赤々と燃え、慣れない臭いが鼻につく。灯油ストーブといい、多喜子先生の黒いショールといい、ここが一九八〇年代の日本とは到底思えない。ではどこかといえば、ええと、そうだ、ハルピンってこんな所じゃないかな。行ったこともないクセに、そんなことを想像する。

多喜子先生は、わたしにロシア語で質問をした。

「Как вас зовут?《お名前はなんとおっしゃいますか?》」（この先、《　》内は本来ロシア語であることを示す）

「《黒田といいます》」

「《黒田さんですね》」

「《はい。名字が黒田、名前が龍之助です》」

この辺りは難なく答えることができた。だが、それに続く質問で急に躓《つまず》くことになる。

「В каком году вы родились?《あなたは何年に生まれましたか?》」

生まれた年?　これは予想していなかった。

「《ええと、せんきゅうひゃ……》」

「《千九百》」

多喜子先生がわたしの発音を直す。

「《千九百、ろくじゅ……》」

「《六十》」

「《六十、よ……》」

「《六十四年。もう一度最初からいってください》」

「《わたしは千九百六十よ……》」

「《四年》」

「《……四年に生まれました》」

Я родился в тысяча девятьсот шестьдесят четвёртом году.

これがどうしてもいえないのである。先生に助け舟を出してもらいながら、発音するのがやっと。ボロボロだ。なんとも不甲斐ない。

のちにロシア語教師になって分かったことなのだが、数詞がきちんと使いこなせるかどうかは、学習者のレベルを判断するときに有効である。外国語の読解では、多くの学習者が数詞を疎《おろそ》かにしている。算用数字は見れば分かってしまうので、それを外国語でどのように発音し、文法上の形はどうなっているのか確認することが、つい疎かになる。頭の中ではそこだけ日本語で再生して、いい加減に先へ進んでしまう。わたしはまさに「いい加減な学習者」だった。

多喜子先生はその後、日本語でいくつか質問して、それからこうおっしゃった。

「そうですね。やはり入門科からきちんと勉強なさったほうがいいでしょう。ミールでは音を作ることが大切ですから」

音を作る？

いったいなんのことだろう？

だが多喜子先生は、わたしの戸惑いに気づくことなく、これから週二回、水曜日と土曜日の午後六時から七時半までの授業に出席すること、さらに次の水曜日からさっそく来るように告げた。

わたしは混乱して、イマイチ分かっていないこともあったが、とにかく教科書で予習しておくべき範囲だけは確認して、その日は家路へついた。

＊

ミール・ロシア語研究所では、レベル別に「入門科」「予科」「本科」「研究科」のようなクラス分けがされている。わたしは入門科に配属された。ただしはじめからではなく、開講からすでに三か月近くなるクラスに、途中から編入することになった。初回の授業は、教科書の第十六課である。

入門科では『標準ロシア語入門』（白水社）を使って学習する。著者は東《あずま》一夫《かずお》先生と多喜子先生ご夫妻。つまり市販されているにはいるが、これはミールのための教材といっても過言ではない。わたしは『標準ロシア語入門』をすでに高校一年生のときに購入して、ときどき眺めていた。奥付を確認すれば、一九七七年発行の第六刷とある。

入門科の教科書『標準ロシア語入門』（白水社）

『標準ロシア語入門』は巻頭のアルファベット、発音、筆記体の練習、および巻末の「よみもの」を除くと、本編が全四十三課ある。中途半端な数字だが、各課は常に四ページ立てで、一定となっている。

ひとつの課は「基本例文」「解説」「応用例文」「単語」「練習問題」からなる。基本例文では、その課のポイントとなる文法項目を含んだロシア語例文が、いくつか並んでいる。ただし例文はバラバラで、相互に関係ない。一方、応用例文は文法項目を反映させた対話形式の会話文になっていて、こちらはすこし内容がある。

第十六課の基本例文は、次のようなものである。

「音楽会へ行きましょう」「今晩劇場へ行きましょう」「日曜日に郊外へ行きたくありませんか?」「私はサッカー〔をやるの〕が好きです」「私は映画へ行くところです」「私はよく映画へ行きます」「きょう私はデパートへ行ってきました」「息子はもう歩きます(歩けます)」

学習する文法は、前置詞とともに使う対格と、動詞「行く」の定体および不定体である。単語もそれほど難しくはない。応用例文にしても同じ。これなら予習も楽勝ではないか。

そう考えた当時のわたしは、なにも分かっていなかった。

授業の初日、わたしは午後六時すこし前に学校に到着した。多喜子先生はまだいらっしゃっておらず、生徒たちが何人か、狭く暗い廊下で待っている。しばらくすると先生が、ロシア語で《こんにちは》といいながら登場した。教室の鍵が開けられ、みんなゾロゾロと中に入る。わたしはなぜかぽっかりと空いていた、多喜子先生の右斜め前に座った。

挨拶《あいさつ》もそこそこに、授業が始まる。多喜子先生はテープレコーダーで、第十六課の基本例文を流した。

Пойдёмте на концерт.《音楽会へ行きましょう》

Пойдёмте сегодня вечером в театр.《今晩劇場へ行きましょう》

テープには、ロシア語だけが吹き込まれている。音声に続いて、生徒が一斉に発音する。だが八つの例文のうち、二つを流したところで、多喜子先生はテープを巻き戻した。

「では黒田さんから」

どうやら右から順番に当てられるらしい。先輩たちがその席を避けていた理由が分かったが、時すでに遅し。当たってしまったのだから、仕方がない。テープレコーダーから先ほどと同じ例文が流れ、わたしはそれに続いて、ひとりで発音する。

「《音楽会へ行きましょう》」

うまく発音できたつもりだった。だが多喜子先生は、もう一度発音するように促した。わたしは再び、先ほどよりも大きな声で読みあげた。

「《音楽会へ行きましょう》」

ところが二回目もダメらしい。先生は文を分けながら、発音を指導した。

「まず《行きましょう》を発音してください」

「《行きましょう》」

「違います。《行きましょう》です」

「《行きましょう》」

「さっきよりはよくなりましたが、まだ正確ではありません。では《音楽会へ》はどうですか」

「《音楽会へ》」

「違います。《音楽会へ》」

「《音楽会へ》」

わたしは先生の発音するとおりに真似ているつもりなのだが、いつまでたっても合格できない。

「黒田さんが発音するのは《音楽会へ》。そうじゃなくて、《音楽会へ》なんです」

さっぱり分からない。

「ウダレーニエが弱いんです！」

ロシア語の単語は、音節のどこか一箇所が他に比べ強く、そしてすこしだけ長めに発音される。これをウダレーニエ ударение という。英語風にアクセントということもあるが、とにかくミールではこのウダレーニエを、思い切り強調して発音しなければならない。それがひどく難しいのである。

わたしとしては精一杯大きな声で、ウダレーニエも強く発音しているつもりなのだが、多喜子先生はなかなか認めてくれない。二つ目の例文《今晩劇場へ行きましょう》も似たようなものだった。

「まあ、いいでしょう。それでは次の方」

やっと解放された。やれやれ。わたしに代って、隣に座った女性が、同じところを読む。

「《音楽会へ行きましょう》」

彼女の発音にしたところで、似たようなものだと思ったのだが、多喜子先生の反応は違った。

「Хорошо! ハラショー！」

Хорошо! は「よい、上手だ」という意味である。つまり彼女の発音は、一発で及第点がもらえたのだ。

どこが違うのか？　わたしは彼女の発音に、耳を澄ます。

「《今晩劇場へ行きましょう》」

確かにウダレーニエが強い。そこだけ声がとくに大きくなる。加えて、メリハリをつけるためには、ほかのところは軽く発音したほうがいいらしい。これを怠《おこた》ると、たちまち多喜子先生からダメ出しされる。

他の生徒たちも同じだった。《音楽会へ行きましょう》《今夜劇場へ行きましょう》というたった二つの例文を、ときには一発で合格する人もいるが、ほとんどは細かく注意を受けながら、先生から「ハラショー」をもらうまで、くり返し発音する。誰もがウダレーニエを強くすることを、強く意識しているのが伝わってくる。不自然なまでに大声になるのも、当然である。教科書をしっかり手に持って、胸を張って、朗々と発音しなければ、多喜子先生から無限にダメ出しされてしまう。そうならないために、みんな真剣そのものだった。

この調子で、基本例文も応用例文も、一つひとつ、一人ひとり、丁寧に練習していく。多喜子先生は決して手を抜かない。当然ながら時間がかかる。基本例文と応用例文のすべてを、全員が発音するだけで一時間、授業全体の三分の二が、あっという間に過ぎ去ってしまった。

発音練習が終わると、筆記による単語テストがあったが、こちらは問題なくパス。次はなにかと待ち構えていれば、多喜子先生は再びテープを巻き戻した。

「Переведите с русского языка на японский.《ロシア語から日本語に訳してください》」

つまり口頭による露文和訳である。先ほどと同じ音声が流れ、一文が終わるたびにテープが止められる。トップバッター席に座ってしまったわたしは、またしても最初の文が当てられた。

「音楽会へ行きましょう」

日本語で答えるのが、これほど楽に感じたことはなかった。他の生徒もすらすらと答えていき、間違える人はほとんどいない。各自の発音練習につき合っているうちに、例文が自然と頭に入っていったのだろう。

ところが次の課題は、もうすこし大変だった。

「Переведите с японского языка на русский.《日本語からロシア語へ訳してください》」

日本語はテープに吹き込まれていないので、多喜子先生ご自身が日本語を読みあげる。それを口頭でロシア語にしなければならない。トップバッターは、またしてもわたし。

「音楽会へ行きましょう」

あれ、なんだっけ？

露文和訳と違い、和文露訳はずっと難しい。先ほどまでイヤというほど発音させられた例文なのに、細かい点があやふやで自信がもてない。それでもなんとか思い出して、

「Пойдёмте на концерт.《音楽会へ行きましょう》」

無事に答えられて、ホッとしたのも束の間《つかのま》、多喜子先生から
「《音楽会へ》の部分をもう一度」

どんなときでも、発音は疎かにできない。一瞬たりとも気が抜けないのである。例文を正しく覚えていなければ、立ち往生すること間違いなし。そうならないためには、家で発音練習をして、さらには例文を暗唱しておくしかない。

これが多喜子先生のいう「予習」だったのである。

口頭和文露訳が終わったあとは、その日に習った内容を応用しながら、先生の質問に答えたり、生徒同士で会話したりする。最後に次の課の単語だけを発音しておくのだが、初日のわたしには、そんな余裕など残ってなかった。緊張の連続に加え、喉もいくぶんかれている。とにかく疲れた。

だが同時に、不思議な充実感もあった。

これが外国語を学ぶってことなんだ！

＊

ミールではこのような作業を通して、発音を矯正していく。先生がいうところの、

「音を作る」のである。

この作業は入門科だけでなく、上のクラスに進級しても同様に指導されるが、発音については入門科がもっとも厳しい。発音が悪ければ、たとえ大学のロシア語学科を卒業していても、入門科からやり直さなければならないという。《音楽会へ行きましょう》といったような、単純明快な文が正しく発音できなければ、先生からくり返し注意を受けるのである。

ペラペラと流暢《りゅうちょう》であればよいというものではない。むしろその反対で、ミールでは一つひとつの音を正確に発音することが求められる。ウダレーニエを強調しながら、一つひとつの音を丁寧に発音し、さらにはイントネーションにも気を遣う。すべてをこなすのは相当に難しいが、この学校ではそれを目指さなければならない。

上手に発音するには、家で事前に猛練習しておく必要がある。『標準ロシア語入門』には、付属のカセットテープがあって、ロシア人夫妻が吹き込んでいた。授業中に聞くのと、同じ音声である。だが、たとえそのロシア人とそっくりに発音したとしても、多喜子先生は及第点をくれないだろう。ロシア人よりも大きな声で、しかもウダレーニエはずっと強調しなければならない。わたしは頭の中で、多喜子先生が発音することをイメージしながら、練習をくり返した。

ロシア人と同等の発音を目指さない。

このことを疑問に思う方もいるかもしれない。だがわたしは、発音矯正の本質がここにあると信じている。

発音はネイティブに習うより、日本人の専門家から指導されたほうがいい。

ネイティブは発言の内容を重視するため、発音にはさほど注意を払わないのが一般的だ。話を遮《さえぎ》ってまで、矯正しようとする外国人教師は稀である。俗に消極的といわれる日本人がなにかを話そうとしているのに、ここで遮ってしまえば再び無口になってしまう。それではいけないので、発音の悪さには目を瞑《つむ》って、とにかく発言を引き出そうとする。そもそもネイティブは母語の発音に寛容であり、かなり癖のあるものでも聞き取れるから、それほど気にならないのかもしれない。

これでは発音は決してうまくならない。

一部の厚かましい輩《やから》が、自分の発音の悪さに気づかずにペラペラしゃべるのを除けば、大半の学習者は自分の発音に自信がもてないまま、さらに自信がもてないからこそ、蚊の鳴くような小さな声で発言する。それではネイティブによく聞こえないから、間違いも訂正してもらえない。上達するはずがない。

多喜子先生だって、生徒の発言を引き出そうとしているのである。だがやっと引き出せた発言であっても、発音が悪ければすぐに訂正を求める。当たり前ではないか。

だって授業なのだから。

ここは学校なのだから。

わたしは多喜子先生から「ハラショー」を引き出すため、家で発音練習に励むようになった。

土曜日。ミールの授業二回目。高校は午前中だけなので、午後は自宅でしっかり予習をし、夕方に余裕をもって出かけた。だがこの日の担当は多喜子先生ではなかった。考えてみれば、ミールにはいろんなクラスがあるわけで、ひとりの先生がすべてを担当するわけにはいかない。

土曜日担当の藤沼敦子《ふじぬまあつこ》先生は、多喜子先生より穏やかな話し方だった。それでもミールで教える先生だから、要求することは変わらない。授業の進め方も同様である。

①基本例文と応用例文の発音
②単語テスト
③口頭露文和訳
④口頭和文露訳
⑤質問と答え
⑥次回の単語の発音

①②に一時間、残りの③から⑥に三十分を割り当てる。その配分までまったく同じだ。

教科書の解説については、多喜子先生も藤沼先生も生徒から質問がない限り、とくに触れない。独習用の参考書なのだから、ふつうは読めば分かる。練習問題は④口頭和文露訳のときに先生から出題されることがあり、また⑤質問と答えの際にも使われるが、解答は巻末に挙がっているから、授業ではいちいちやらない。ひとりでできることは各自で勉強、授業ではそれよりも発音練習に時間を充てるのである。

藤沼先生はニコニコしながらも、授業はきっちりとおこなう。とくにイントネーシヨンについて、細かく指導を受けた。「もうちょっと声を上げて」「そこはもっと低く」といったコメントが続く。生徒は先生のお手本を聞きながら、必死で真似をする。

発音の指導は、音声学的にどんなに正確に説明したところで、生徒に伝わらなければ意味がない。そもそも特別な訓練でも受けない限り、ふつうの人は自分の口や舌を意のままに動かすことさえできない。『標準ロシア語入門』は独習用参考書だから、冒頭の発音部では解説がなされているが、「舌先を下の歯の裏に軽くあて、前舌面と口蓋とのうすいすきまを通して歯に強い息を集中します」といわれても、ふつうはさっぱり理解できない。それよりも先生のお手本を聞きながら、「サー」とか「ザー」とか発音するほうがずっと実用的だ。

頭で理解するより体で覚える。

まるで体育会系だ。

高校の英語の授業と比べ、そのあまりの違いに愕然《がくぜん》とする。

こんな感じで、わたしは夏休み前までロシア語に夢中で取り組んでいた。部活動にも負けない「体育会系ロシア語」が、体にすこしずつ沁《し》み込んでいくのを感じる。スポーツも音楽もやらないわたしには、はじめての経験だった。なにかを身につけようとするときは、そういうものなのだろうか。

とはいえ高校三年生である。進路として、大学でロシア語を学ぶことはすでに決めていたが、いくらロシア語をやったところで、大学には進めない。ロシア語を勉強するために、英語などを勉強しなければならないという矛盾に強い憤りを感じるのだが、文句をいったところでなにも始まらない。

七月のはじめ、わたしは多喜子先生に打ち明けた。

大学に進学するために受験勉強をしなければなりませんので、ミールはしばらくお休みします。

多喜子先生はわたしの話をじっと聞いてから、こうおっしゃった。

「分かりました。でも大学受験が終わったら、すぐに戻ってらっしゃい」

先生の眼差しは真剣だった。

必ずミールに戻る。十七歳のわたしは、心密《ひそ》かにそう決めた。

第二章　笑えない笑い話との格闘

わたしは試験が得意ではない。とくに入学試験がダメだ。だから受験期に進学先を決めるときも、難しい大学は最初から諦めていた。大学でロシア語が専攻できれば、はっきりいってどこでもよかったのである。

ところが不幸にして、ロシア語が専攻できて、しかもそれほど難しくない大学は、首都圏には皆無だった。英語やドイツ語ほど、選択の幅が広くないのである。そこで仕方なく、難関大学から選ぶことになる。共通一次試験で数学や理科まで要求する国立大学は、どう考えても無理だったので、せめて文系科目だけで受験できる、私立大学のロシア語学科などを受験した。結果は案の定、不合格だった。

だがひとつだけ、試験科目が論述と英語だけという、斬新な入試方式を採用している文学部が、池袋にあった。残念ながらロシア語学科はなかったが、その大学出身の野球選手の大ファンだった担任教師から強く勧められ（とはいえ、わたしは野球に一切興味がない）、歴史が好きだからと試しに史学科を受験してみたら、運よく合格してしまった。自分でもビックリした。

合格発表は、忘れもしない一九八三年二月二十八日。自宅に電話をかけ、家族に合格の報告をして、それから山手線で池袋から代々木に出て、まっすぐミールへと向かった。東多喜子先生に会うのは、実に半年ぶりである。

先生、大学が決まりました。

「よかったわね。おめでとう。では明日からミールの授業に復帰してください」

分かりました。

なんの違和感もなかった。その日はそのまま帰宅し、自室の書棚から久しぶりに『標準ロシア語入門』を引っ張り出す。翌日の授業に備えるべく、予習をしなければ。大きな声で、ウダレーニエは強く。数か月のブランクを挟んで、ちゃんと発音できるか、ちょっと不安である。

それでも幸せだった。

復帰したミールのクラスは、入門科から予科へと移るレベルだった。
現代の、とくに若い人から見れば、「入門科」とか「予科」という表現が、奇妙に響くことだろう。それは当時のわたしも同じで、ほかの学校では耳にしない名称を、不思議に思っていた。だが昔の学校は、「入門科」「予科」「本科」のような分け方が、ふつうだったらしい。ずっとあとになって、第二次世界大戦後に洋裁《ようさい》学校へ通った、農家の女性への聞き書きを読んだのだが、地域を問わず、どの洋裁学校も「入門科」「予科」「本科」のようなクラス分けになっていて、驚いた。それどころか各科の就学期間までが、ミールと同じだった。

入門科：六か月
予科：六か月
本科：二年

わたしは三月いっぱい入門科で学び、『標準ロシア語入門』を最後まで学習した。
四月からはいよいよ予科に進級である。曜日は同じく水曜日と土曜日だったが、授業時間は午後七時三十五分から九時五分と遅くなった。

予科の授業は、入門科以上にロシア語中心でおこなわれた。もともとミールでは、授業中に日本語を話すことが憚《はばか》られる。ただし入門科レベルでは、表現できる範囲が限られているため、多少は日本語を使うことも許された。だが予科ともなれば、ロシア語ですべて表現することが、求められるのである。実際、そのくらいの知識は学んできたはずなのだ。

授業のはじめに、多喜子先生が質問する。

「Который час?《何時ですか?》」

わたしは素早く腕時計に

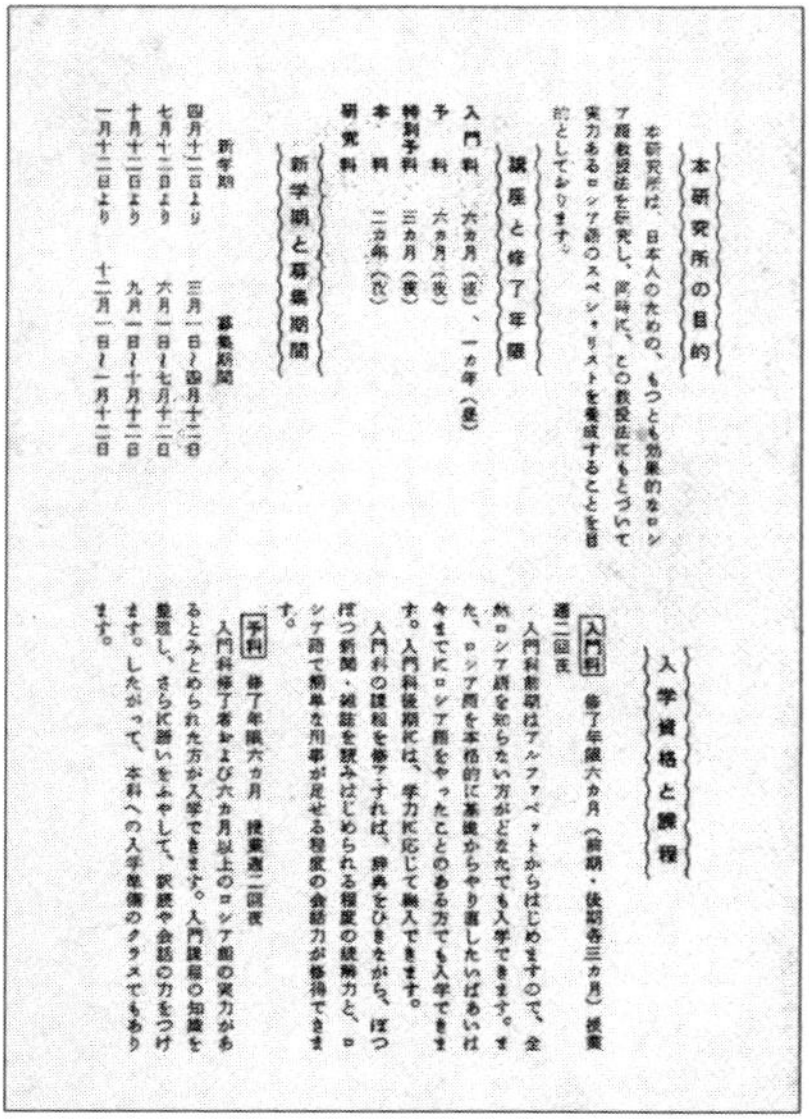

本研究所の目的

本研究所は、日本人のための、もっとも効果的なロシア語教授法を研究し、同時に、この教授法にもとづいて実力あるロシア語のスペシャリストを養成することを目的としております。

課程と修了年限

入門科	六カ月（夜）、一カ年（昼）
予科	六カ月（夜）
特別予科	三カ月（夜）
本科	二カ年（夜）
研究科	

新学期と募集期間

新学期	募集期間
四月十二日より	三月一日〜四月十二日
七月十二日より	六月一日〜七月十二日
十月十二日より	九月一日〜十月十二日
一月十二日より	十二月一日〜一月十二日

入学資格と課程

入門科　修了年限六カ月（前期・後期各三カ月）授業週二回夜

入門科前期はアルファベットからはじめますので、全然ロシア語を知らない方がどなたでも入学できます。また、ロシア語を本格的に基礎からやり直したいばあいは今までにロシア語をやったことのある方でも入学できます。入門科後期には、学力に応じて編入できます。

入門科の課程を修了すれば、辞典をひきながら、ぼつぼつ新聞・雑誌を読みはじめられる程度の読解力と、ロシア語で簡単な用事が足せる程度の会話力が修得できます。

予科　修了年限六カ月　授業週二回夜

入門科修了者および六カ月以上のロシア語の実力があるとみとめられた方が入学できます。入門課程の知識を整理し、さらに語いをふやして、訳読や会話の力をつけます。したがって、本科への入学準備のクラスでもあります。

ミール・ロシア語研究所入学案内

目をやる。

「《七時三十二分です》」

ここで必ずといってよいほど、多喜子先生から注意を受ける。

「《もう一度いってください》」

そうなのだ、「三十二分」という表現は、минута「分」が女性名詞だから「二」も女性形 две を選ばなければならない。それをつい男性形 два で答えてしまうから、間違いを指摘されてしまう。三分とはいえ、授業開始前から勇んでやって来ているのに、初《しょ》っ端《ぱな》からダメ出しされて落ち込む。だが、悲しんでいる暇はない。これから九十分間、さらに厳しいダメ出しの連続を、覚悟しなければならないのだ。

予科の授業は、入門科の復習からはじまった。基本は『標準ロシア語入門』。これを完全に身につけることが、なにより重要なのである。

はじめの三十分くらいは、すでに学習した『標準ロシア語入門』の露文和訳と和文露訳が、入門科のときと同様に口頭でおこなわれる。予科の一回目は一課と二課、二回目は三課と四課といった具合で、入門科より遥かに速く進む。かつて入門科で十六課からはじめたわたしには、その前の課についても発音を確認してもらえるので、ちょうどよかった。ただし二課ずつ進むのは十二課まで、十三課以降は一課ずつ復習していく。確かに十三課以降は難しく、忘れている箇所も多いから、丁寧に復習したほうがいい。

復習が終わると、別の教材に移る。

『言語能力発達教材』*Пособие по развитию речи*

直訳すると児童向け知育教材みたいだが、そうではない。これは外国人向けの、ロシア語初級読本である。全編にわたって、ロシア語のみで書かれている。市販されているものではないので、多喜子先生から直々にいただいた。奥付もなにもないため、詳細は分からないが、今まえがきを読んでみると、モスクワ大学で外国人向けロシア語教育に使われた補助教材らしい。だが当時のロシア語能力では、まえがきを理解することがで

予科の教科書『言語能力発達教材』

きなかったし、そんなことに興味をもつ前に、本文をよく予習して、授業に備えることのほうが大切だった。

この教材には、短いスキットがたくさん収録されている。叙述文もあれば、会話文もある。本文に対する質問みたいなものもあるが、先生は必要に応じて省略した。なるべくまとまった文を読ませ、それを正しく発音させ、暗唱させ、さらには内容について質疑応答をさせる。それがミールだった。

『言語能力発達教材』は「わたしの家族」という話から始まる。

わたしの名前はディアロです。わたしはギニア人です。わたしの家族はギニアに住んでいます。わたしには父と母と妹と弟がいます。わたしの弟は中学生です。彼の名前はハッサンといいます。わたしの妹は中学生です。彼女の名前はディアナといいます。妹は読書が大好きで、弟は絵をかくのが好きです。

『標準ロシア語入門』と違って、知らない単語は自ら辞書で調べなければならない。入門科では辞書など不要だったが、ここでいよいよ登場となる。ほとんどの単語は知っていたが、それでも二つだけ分からなかった。

ギニア人（男）　гвинеец

ギニア　Гвинея

かつてモスクワ大学では、いわゆる第三世界からの留学生が、多く学んでいた。彼らはソ連に到着後、まずロシア語を集中的に学び、それから各学部で専門の勉強をする。これはそういう人たちのための教材だったのである。ギニアは一九五八〜八四年まで社会主義施策を敷いていたそうだから、教材にモスクワで勉強するギニア人が登場しても、さほど違和感はなかったのだろう。この文にはさらに続きがある。

今わたしはモスクワに住んで、ロシア語を勉強しています。わたしにはペドロという友人がいます。彼はキューバ人です。わたしたちはいっしょに住み、学んでいます。わたしはペドロがロシア語でテキストを読むのを聴いています。彼は速く大きな声で読んでいます。ペドロはわたしが読むのを聴いています。それからわたしたちは休憩してお喋《しゃべ》りをします。ペドロはわたしの父の仕事を尋ねます。わたしは彼が農民だと答えます。

ギニア人に続いてキューバ人の登場であるが、背景が想像できるからもう驚かない。ディアロとペドロは、大学寮で同室という設定なのだろう。ふたりの共通語はロシア語らしい。部屋ではそれぞれが発音練習をしている。やっぱりミールみたいな教育を受けていたのだろうか。

このような他愛のない物語は、復習にもってこいである。とくに面白いわけではないが、自分の知っている文法と語彙《ごい》から外国語文が理解できることは、それなりの喜びをもたらす。もちろん、ミールではそれだけではダメで、きちんと発音し、暗唱しておくことが要求されるのだが。

この教材は先へ進むに従って、話の内容も複雑になってくる。「初の女性宇宙飛行士」のような、ソ連の自慢話みたいなのもある。それも悪くない。外国語を学ぶということは、その思想に賛成するかどうかの前に、その言語が使われる地域における、常識を身につけることが必要なのだ。国威《こくい》発揚《はつよう》みたいな話も、そう考えればおつき合いできる。

それよりもつらいのが、アネクドートだった。

＊

アネクドート анекдот といわれても、あまり馴染《なじ》みがないかもしれない。逸話、奇談、さらには風刺小話などと説明される。英語でも anecdote という。『言語能力発達教材』には、アネクドートもたくさん収録されている。ところが、これがなんとも微妙なのだ。

「今日は何日だか知ってる？」
「テーブルのうえに新聞があるから、見てみれば」
「でもあれは昨日の新聞だよ！」

……これでもまだマシなほうである。短いし、「昨日の」という形容詞が軟変化型であることが覚えられる。それでは、これが笑えるかと問われれば、少々つらい。

授業中に先生が質問をします。

「アフリカと月とでは、近いのはどちらでしょうか？」
「月です」と生徒が答えます。
「月ですって？　どうしてそう思うのですか？」
「だって月は見えますが、アフリカは見えませんから」

これなんか気に入っているほうで、アフリカを所沢に換えて、高校入学後に遠い埼玉県まで引っ越した友人をからかったものだ。許せ、石川。

とはいえ、こういった微妙なアネクドートを題材に、授業中に質問されるのは実に困る。藤沼先生が、のんびりとした穏やかな声で、

「《この話はどこが面白いのでしょうか？》」

いや、別にどこも面白くないんですけど。

ときには完全に理解不能なアネクドートもあった。

ひとりの旅行者がロンドンに行きました。そこはいつでも悪天候でした。ある

とき彼が尋ねました。

「あなたがたのロンドンでは、いつでもこんなに天気が悪いのですか？　夏はいつなんですか？」

「どうもお答えするのが難しいですな。去年の夏は水曜日でしたがね」


？・？・？


さっぱり分からないわたしに、やはり藤沼先生は、

「《黒田さん、この話はどこが面白いのでしょうか？》」

「《分かりません》」

「《文法か語彙が分からないのですか？》」

「《いいえ、文法も語彙も分かります。ただ、なにが面白いのかはさっぱり分かりません》」

このやりとりのほうが、よっぽどアネクドートである。

藤沼先生によれば、悪天候のロンドンには夏なんてほとんどなく、たった一日だから、人はその曜日まで覚えているところが、面白いのだという。はあ。

それ以降は予習に際して、ロシア語の文法や単語だけでなく、どこが面白いのか、話のオチはなんなのかも、合わせて考えるようになった。何事においても、ミールで大切なのは予習である。

アネクドートは短いものが多いが、『言語能力発達教材』にはときに長めの話もあった。

「プラウダ紙」という話は、一九一七年から始まる。スラーバという少年が、革命家である父親のために、毎日『プラウダ』という新聞を買い続ける。ブルジョワ政権が『プラウダ』を警戒し、入手が困難になったときも、スラーバは買い続けた。十月革命が成功したのち、レーニンは一九一七年に発行された『プラウダ』が、手元にまったくないことに気づく。そこでスラーバは父親を通して、『プラウダ』のバックナンバーをレーニンに送り届けた。レーニンはのちにスラーバ少年と会うのだが、物語はそのときに交わされた会話で終わる。

「スラーバくん、こんにちは。君が取っておいてくれた新聞はとても役にたったよ、ありがとう。君は将来、何になりたいのかね？」
「ぼくは革命家になりたいです」とスラーバは答えました。
「なるほど、そりゃなによりだ！」

あはは。これは笑える。革命が成功したソ連で革命家になったら、それってレーニンの敵だよね。おかしいな。

だが授業中、この部分を笑うクラスメートは、誰もいなかった。先生も、この物語の面白いところを、質問してこない。どうやらソ連では革命が成功しても、世界的には未完成だったから、革命家志望は歓迎らしい。おかしいのは、そんなバカな読み間違えをしている、わたしのほうだった。

＊

笑えない笑い話に、毎回のように四苦八苦するわたしだったが、クラスメートはそんなそぶりも見せず、淡々と予習復習をこなし、授業中は確実に答えているように見えた。

わたしは入門科時代から、常にクラスの最年少だった。ほかは社会人ばかりで、中にはかなりおじさんに見える人もいたが、いまになって思えば、それほどではなかったかもしれない。

入門科のクラスでわたしの斜め右隣り、先生からすると正面の席に座っていたのは、ムラカミさんという女性だった。年齢は分からないが、おそらく二十代くらいで、会社員らしかった。席が近いこともあり、親切にしてもらった。彼女はモンゴルが好きで、おかげで授業中に「モンゴル」がしばしば出てきた。すこし早口の彼女が「Меня интересует Монголия.《わたしはモンゴルに興味があります》」とロシア語で答える声が、いまでも耳の中に残っている。だが大学受験を終えて復学したあとは、彼女といっしょになることがなかった。

進級した予科のクラスは、生徒が多くて混んでいた。クラスメートは、相変わらずおじさん、おばさんばかりだったが、大学生もいた。といっても、わたしのような一年生ではなく、もうすこし学年が上だった。何人かいたが、中にひとり、目立ってロシア語ができる大学生がいた。

貝澤哉《かいざわはじめ》くんである。

貝澤くんは当時、確か大学二年生だったと思う。長めの髪には軽くウェーブがかかり、初対面のときには白いズボンと、白いウインドブレーカーを着ていたのが印象的だった。口数は多くはなく、クールな印象を与えた。個人的に話すときは静かだったが、それが授業中となると、まるで人格が変わったかのように、大きな声で理想的なロシア語を発音する。

「Хорошо! ハラショー！」

貝澤くんに対して、先生方からこれ以外の評価の出た記憶がない。例文はきちんと暗唱してくるし、覚えたことを上手に応用して質問に答えるし、さらにはわたしの知らない単語を使って、先生と高度な会話をしていた。

凄すぎるのである。

こういう人をライバル視しても、どうせ敵《かな》いっこない。そもそも競うのは苦手だから、それより優秀な彼から学んだほうがいい。わたしは貝澤くんのことを、「よくできる兄」と考えることにした。長男であるわたしには、どこかお兄さんを求める志向があるのかもしれない。とはいえ決して素直な「弟」にはなれないし、貝澤くんにしても屈折したヤツが勝手についてくると、手を焼いていたに違いない。ご存じの方も多いだろうが、貝澤くんは早稲田大学で教えているが、ＮＨＫのテレビ講座なんかも担当していた。

ミールの授業は週二回である。貝澤くんもわたしも、休むことはまずなかったので、週に二回、確実に顔を合わせていた。しかも少人数だから、大学と比べてもずっと密度の高い授業を、いっしょに受けてきたことになる。

最近の大学は、少人数を謳《うた》う授業が増えているが、回数については相変わらず、週一回を基本としている。第二外国語に関していえば、それまでの週二回を一回に減らし、その代わりに少人数にしている所さえあると聞く。しかもそれが半期だけだったり、中級や上級のクラスはなかったりする。

それでは効果が上がるはずもない。

昔の芸事というものは、ほとんど毎日だったらしい。子どもは学校から帰ると、すぐに三味線や長唄などの教室へと向かう。しかもいまのように、月曜日は英会話、火曜日は水泳教室というのではなく、毎日同じお師匠さんの所へ通って、同じことを習うのである。「身につける」というのは、そういう訓練を通してのみ実現できる。

ミールの授業は、どのクラスも週二回だった。昔の習い事に比べればすくないが、それでも週一回がふつうの外国語教室が圧倒的な中では、絶対的に多い。社会人の場合は週二回が厳しいという人も多いから、週一回にしたほうが生徒は集まる。それでもミールは、絶対に週二回であった。

週一回の授業でも、効果がないわけではない。ただしその場合は、すくなくとも二年間は、休まず勉強することが条件である。

わたしはのちに、新宿にあるカルチャーセンターで、セルビア語を二年半、チェコ語を三年、どちらも週一回のコースで学習したが、それが曲がりなりにもうまくいったのは、ロシア語の知識に支えられたことに加え、週一回の授業を休まず二年以上続けたからである。

大学は大学らしく、文法構造を摑《つか》むとか、すでに知っている外国語と対照しながら概説するなど、適切な方法を採ればよいのだが、そういう授業は極めてすくない。教師は入門書にしたがって、文字と発音からノロノロ進め、学期が終われば、ハイさよなら。その結果、生徒は三か月もすれば、読み方すら忘れてしまう。

そもそもミールでは、週二回の授業を受けるだけでも、かなり大変である。授業中の緊張もさることながら、予習と復習をしっかりおこなうには、授業のない日も、家で毎日のように勉強しなければならない。かつて非常に熱心な生徒が、二クラス並行して、つまり週に四回もミールで学んだことがあったという。その人は非常に上達し、のちにロシア語通訳になったそうだ。

わたしには、週四回も授業を受けるほどの、余裕も勇気もなかったが、それでも授業以外に、語彙を増やすことだけは、ひとりで試行錯誤していた。ロシア語基礎語彙集をあれこれ買い集めては、自分で単語帳を作り、それを覚えていく。単語がひとつでも増えれば、それだけ表現の幅が増えるではないか。

すべては、ミールの授業でうまく会話するためだった。

笑えない笑い話と格闘しながら、休まずせっせと通い続け、半年後には予科が修了となった。次はいよいよ本科である。

ただし本科に進むためには、試験を受けなければならない。

わたしはありとあらゆる試験が苦手だった。入学試験に限らず、高校の期末試験のように範囲が明確に分かっていても、上手に勉強ができない。

ミールの本科進級試験も、範囲が決まっていた。『標準ロシア語入門』である。とにかくこれに尽きるのだ。問題は筆記による和文露訳のみ、そのうち『標準ロシア語入門』が九割以上を占める。笑えない笑い話からは、それほど出題されない。それは助かったのだが、入門書まるまる一冊が範囲というのは、かなりの負担である。

試験当日。まず受験者にわら半紙《ばんし》が配られる。そこにはなにも書かれていない。各自で名前を記したあと、多喜子先生が日本語を読み上げるので、それをわら半紙に書き留める。解答はあとでおこない、まずは日本語の問題文のみを、しかも解答欄を考慮して、行間を開けながら書いておく。問題数は決してすくなくなく、書き留めているだけで手が痛くなるが、文句をいっている余裕もない。日本語を書き終えたら、いよいよ試験開始。時間はほとんどない。追われるように、ロシア語訳を書き込んでいく。反射的に書けるようでなければ、ダメなのである。

後日、試験の結果を伺いに、多喜子先生のところへ伺う。

「ああ、黒田さん。先日の進級試験の結果はこれです」

自分の答案用紙を見せられる。赤ペンで×がたくさん書き込まれている。

「黒田さんなら、もうすこしできるかと、思ってたんですけど」

……すみません。

「でもまあ、よくがんばりましたし、それにいまのあなたのクラスには、貝澤さんのような方もいますから、あなたもこの先、皆さんといっしょに勉強したほうがいいと思います。すこしオマケということで、本科に進級ということにしましょう」

ありがとうございます！

なんだか貝澤くんに救われたようなかたちとなって、少々複雑な気持ちだったが、進級できることは嬉しい。この先もがんばりますので、よろしくお願いします。

本科は授業の曜日も変わり、わたしは月曜日と木曜日に通うことになった。土曜日が空いたことは嬉しいが、勉強はますます難しくなるわけで、この先は忙しくなる。

十九歳のわたしには、その忙しさが嬉しかった。

第三章　一生のバイブルとの出合い

大学生活は忙しい。授業やレポート以外にも、サークル活動があったり、合宿があったり、アルバイトがあったり、友だちとお茶を飲んだり、コーヒーを飲んだり、ビールを飲んだりと、やることが次から次へとある。そのほかにも本を読んだり、古書街を歩いたり、図書館へ行ったり、映画を観たり、旅行したりするのだから、時間がいくらあっても足りない。

それでもミール・ロシア語研究所の授業だけは、決して休まなかった。

わたしにとって優先順位は、ミールの授業が常に第一位で、それ以外の行動は、その合間をぬって予定を入れた。ときには大学の試験よりも、ミールを優先させたことさえあったが、そこにはなんの矛盾も感じていなかった。

ロシア語がうまくなりたい。

それ以外はなにも考えない、お気楽でおバカな大学生だったのである。

本科は基本的に二年コースで、一年目が本科A、二年目が本科Bとなる。本科Aでは三か月ごとに試験があり、これを四回クリアしなければ次の本科Bへ上がれない。厳しい。試験の苦手なわたしは、最初から気が重かった。

配属されたクラスには、いっしょに進級した貝澤くんのほかに、すでに数か月前から勉強を続けている先輩もいた。各自の進度もさまざまで、出会ったと思ったら、すぐに次のクラスへ移ってしまう人もいたし、いつまでも同じクラスに通っている人もいた。さらには下からも、どんどん上がってくる。出入りが激しかった。

あまりに激しくて、本科の授業については記憶が混乱しており、時間軸に沿って再現できる自信がない。この先は断片的な思い出を、ばらばらと語ることになる。

授業の様子や人はアヤフヤなのに、使用した教材はよく覚えている。なかでも本科を通して徹底的に暗唱した教材は、一生忘れることがないだろう。

東一夫・東多喜子共著『改訂版　標準ロシア会話』（白水社）である。

これは同じ白水社から一九六八年に出版された『標準ロシヤ会話』を、大幅に増補改訂したものである。わたしの手元にある改訂版は一九八〇年発行の初版で、全三百九十ページ、このうち基礎編が五十ページほどで、残りが応用編である。応用編は「人、交際、交流」「衣食住」「人体、医療」のようにテーマごとにまとめられ、さらにそれが「あいさつ」「初対面、紹介」「名前、敬称、呼びかけ」のように細かく分類される。レベルも非常に高い。通り一遍の慣用表現を並べただけの、そんじょそこらの会話集といっしょにしてもらっては困る。

『改訂版　標準ロシア会話』は『標準ロシア語入門』と同様に、市販の独習参考書であった。現在では絶版だが、当時は誰でも入手可能だったのである。だがこの教材を、本当の意味でモノにしようというのなら、絶対にミールへ通わなければならない。

この会話集は、ミール内でラズガボールニク разговорник と呼ばれていた。ロシア語で「会話集」という意味である。

ラズガボールニクはミール本科生のバイブルといっていい。常に肌身離さず持

ミール本科生のバイブル『標準ロシア会話』（白水社）

ち歩き、すべての例文を暗唱する。それが目標だった。

わたしが最初に学んだ本科のクラスは、ラズガボールニクのどこか途中から始まった。いま手元にあるボロボロの『改訂版 標準ロシア会話』を見直し、いったいどこから始めたか、懸命に思い出そうとするのだが、皆目《かいもく》不明である。何回も何回もくり返して使ったおかげで、あちこち書き込みだらけ。いろんな日にちが書いてあるのは、おそらく多喜子先生が指定する予習の範囲をメモしておいたのだろう。なかには同じ箇所に複数の日付が書かれていたりして、学習状況を再現するのはどうにも不可能である。

一例として「衣食住」のうち、「衣服」の「洋服・洋品・靴店その他で」から例文の和訳を挙げてみよう。

「私〔の身長〕にあう洋服（オーバー、レインコート）がありますか?」「私〔の体〕にあうパジャマをえらんで下さい」「私はこの背広の型が気にいりません。ほかの型はありませんか?」「これと同じデザインで、別な色合（柄）のワンピースはありますか?」「このオーバーは色が明るすぎます。もっと暗い色のはありませんか?」……

文法書と違い、会話集ではさまざまな例文が並ぶ。いくら和訳が添えられているとはいえ、所有構文、命令形、否定生格、比較級などが、アトランダムに登場するのだ。それを自分で確認して、構文を理解するのは楽ではない。

授業では事前に、ラズガボールニクから一、二ページ分、例文数にしてざっと三十から四十ほどが指定され、予習つまり暗唱してくることが求められる。かなりの負担であることが、想像できるだろう。もちろん正しい発音で、ウダレーニエは強く。これは鉄則である。

ラズガボールニクには例文だけでなく、テーマに沿った単語が並んでいるページもある。単語だったら楽かといえば、決してそういうことはなく、文脈がないので、記憶するのがむしろタイヘンなのである。

「織物、布地」「絹:~の」「絹織物」「木綿(の布地)、綿布」「亜麻織物」「合成繊維」「ウール:~の」「毛織物」「毛糸」「ナイロン:~の」……

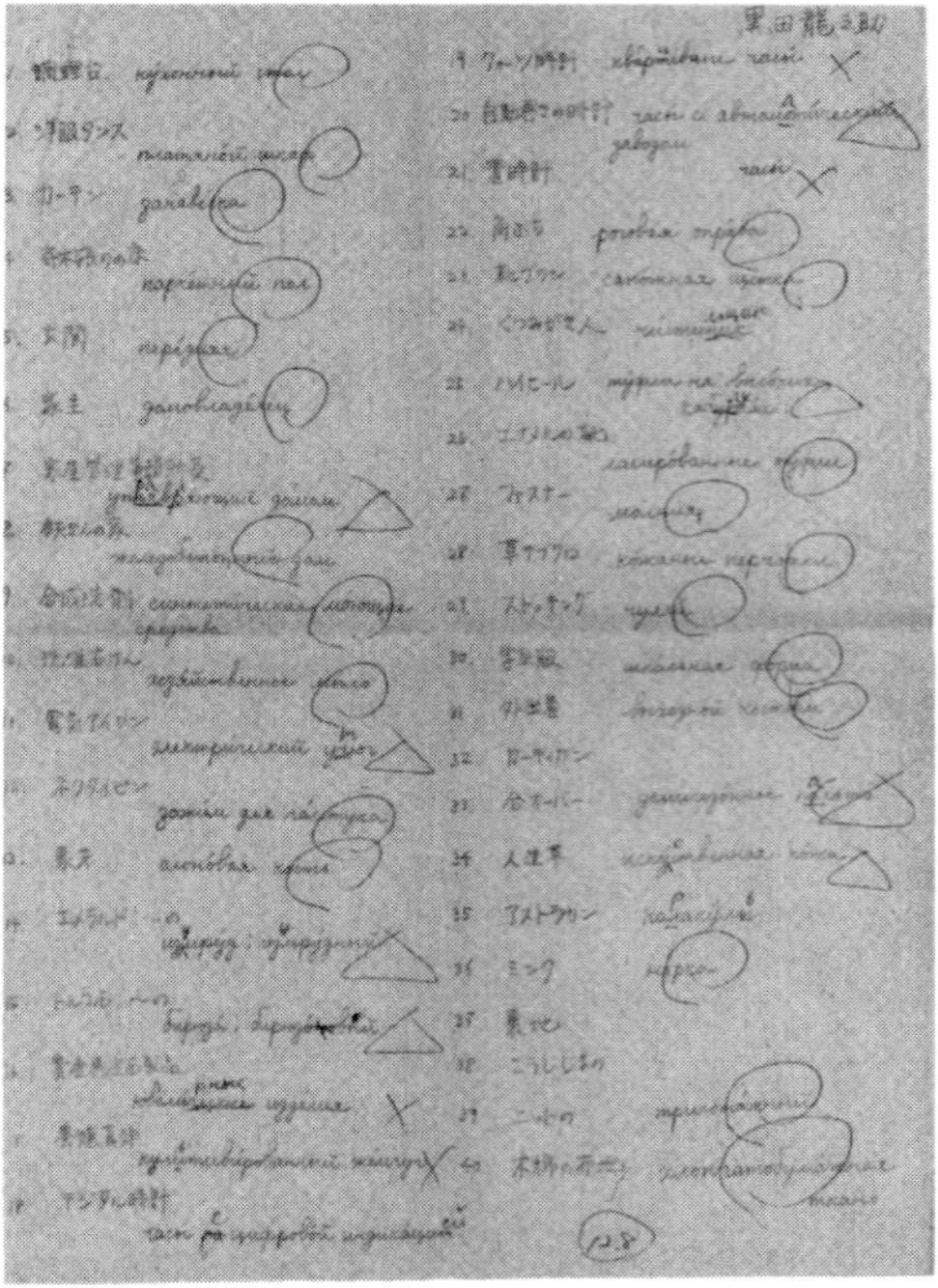

ラズガボールニクから出題された定期試験の答案用紙

ときどき「:~の」となっているのは、形容詞が挙がっていることを示す。これがまた実にさまざまな語尾をもち、さらに負担である。

「サテン」「繻子」「ビロード」「クレープ・デ・シン」「ギャバジン」……

ちょっと待って、クレープ・デ・シンってなに？　ギャバジンなんて、生地じゃなくて、胃薬みたいじゃん（それはキャベジン）。

社会に出たことのない、世間知らずの大学生の語彙なんて、所詮《しょせん》はそんなものである。

＊

ラズガボールニクを使っても、本科の授業の進め方は入門科と変わらなかった。まずは口頭で露文和訳、次に同じく口頭で和文露訳、それが終わったら学習した内容を応用して会話練習。とにかくこのパターンなのだ。そしてそのためには、自宅での準備、つまり暗唱するまで発音練習してくることが、欠かせないことも同じである。

ラズガボールニクには、市販のカセットテープがついていた。吹き込み者のひとりはモスクワ中央テレビのアナウンサーで、かつてＮＨＫテレビのロシア語講座にも出演していた、ウラヂーミル・ウーヒンさんである。ヂャーヂャ・ワローヂャの愛称で親しまれ、わたしも大ファンだったから、のちに彼の通訳をしたときには、テレビを観ていたことと並んで、ラズガボールニクのカセットテープを懸命に聴いたことを話すことができて、天にも昇る気持ちだった。ウーヒンさんも喜んでくれた。

だが授業中に聴くのは、ウーヒンさんの声ではなく、東先生ご夫妻がオリジナルで作成した本科用カセットテープだった。

まず多喜子先生の声で、日本語が流れる。その後しばらくポーズが置かれ、生徒はその間にロシア語訳を答えなければならない。一定の時間が経つと、一夫先生による正解が流れるので、生徒はその前に正しく答える必要がある。

このオリジナルテープは、手作り感満載だった。多喜子先生の日本語と一夫先生のロシア語の間で、ポーズが終わると「チーン」とジングルが入るのだが、これがどう聞いても、お茶碗を叩いているかのような音なのである。なんだか可笑《おか》しい。こちらは聴き取るために、耳をよくよく澄ましているので、ときには遠くで鳴る自動車のクラクションまで聞こえてしまう。ご自宅で収録されたのだろうか。先生ご夫妻が録音機を挟んで、ラズガボールニクを吹き込んでいる姿を想像すると、なんだか微笑ましい。などとつまらぬ空想をしていると、気がつけば自分の番。慌てて答えるのだが、発音が疎かになってしまい、テープを止めた多喜子先生から「Ещё раз!《もう一度！》」と促される。

ラズガボールニクは暗唱のために、同じところをくり返し開くことになる。指定されたページばかりが汚れ、本の背の部分には黒い筋が入っていく。この筋がだんだんと太くなることが、勉強の証。やがて全体が黒ずんだとき、ロシア語が話せるようになるのである。

駆け出しの通訳時代、わたしはいつもラズガボールニクを握りしめていた。カバーは紛失し、表紙の緑色のビニール装も薄汚れてしまった、ボロボロの一冊。たとえページを開かなくても、これが手元にあるだけで心が落ち着いた。事情を知らない人には、奇妙に映ったことだろうが、わたしにとってはお守りだったのである。

教育は流行《はや》り廃《すた》れの激しい世界だが、日本ではすでに何十年も「暗記教育」が敵視されている。意味も分からず、ただただ丸暗記をするのは無駄であるばかりか、学習者の創造性まで奪うとでもいうように嫌われる。その代わりに、なにやら与えられたテーマを闇雲に調べたり、未熟なプレゼンテーションをさせたりすることが、推奨されるようになった。

だが外国語教育についていえば、暗唱は欠かせない。

というか、暗唱してこなかった学習者の外国語は、底が浅いのだ。

そもそも基礎的な知識がないまま、なにかを調べたところで、入手した情報を判断することもできなければ、人さまに聞いていただけるようなプレゼンテーションにまとめ上げることも、不可能なのである。殊《こと》に外国語教育の初歩となれば、なにか調べるなんて土台無理な話。手持ちのカードがまったくないまま、ゲームをしろといわれても、途方に暮れるに決まっているではないか。だから暗唱して、手持ちのカードを増やすのである。

当時のわたしには、暗唱しかなかった。日本語社会で暮らしながらロシア語を身につけるのに、ほかにどんな方法があるというのか。ひとりで覚えることができれば理想的だが、意志の弱いわたしには、毎週二回、多喜子先生からダメ出しされることが貴重だった。

暗唱は苦しい。なかなか覚えられない自分にいら立つ。なにか中途半端で、落ち着かない気分が続くのも耐え難い。できることなら別の方法を探したい。面倒な暗唱ではなく、なんとか自然に覚えられないものか。

本当は「自然」ではなくて「楽《らく》して」覚えることを狙っているのだが、とにかくそのような環境を求めて、現代人は留学する。だが国内で充分な外国語運用能力を身につけないまま、現地に留学した人の外国語は、一見すると流暢だが、実は自信がなくて弱々しい。しかも暗唱を通して成長するチャンスをひとたび逃せば、二度とやり直せない。さらには一定期間がすぎれば、一年くらい現地で覚えた外国語なんて、忘れ果ててしまうのである。

＊

いつしか大学二年生になっていた。大学の講義は面白かったし、友人とのつき合いは楽しかったし、なにもかも順調だったのだが、ロシア語を専門的に学びたい気持ちはますます募《つの》り、どうにも抑えられなくなってきた。とはいえ、池袋の大学でロシア語が専攻できないことは、当初から分かっていたこと。それでも勉強したければ、大学を移るしかない。

ロシア語が専門的に学べる首都圏の大学で、どこか編入できるところはないかと調べてみた。某国立大学に問い合わせると、ロシア語の科目を二十四単位以上取っていれば、受験資格があるといわれた。そんなにたくさん単位が取れるのは、専攻できる大学以外にないではないか。問い合わせの際に、電話で対応した大学職員に尋ねると「そういうことになりますね」という冷たい返事。この大学とは縁がなさそうだ。

一方、四谷《よつや》にある私立大学に問い合わせると、ロシア語に限らず、なんでもいいから単位を一定以上取得していて、二年生が修了見込みだったら、誰にでも受験資格があるとのこと。しかもロシア語学科編入では、試験科目はロシア語だけだという。

これだ。

わたしはこの大学への編入試験を目指すことにした。

しかしここで再び壁に突き当たる。わたしは試験が苦手なのである。いったいどうやって受験勉強すればいいのだろうか。

そもそも編入試験の合格基準がはっきりしない。当時の大学なんて、そんなものだったのである。そこで自分で考えることにした。試験に合格した者は、三年生に編入することになるという。ということは、二年生までに勉強する内容を理解していることが、最低条件ではないか。いや、それだけではダメだ。それを超えるくらいの学力がなければ、大学だってわざわざ受け入れないに違いない。

ミールのクラスに四谷の大学のロシア語学科卒業生がいたので、二年生ではどのくらいの内容を勉強するのか尋ねてみた。親切なクラスメートは、かつて学んだ大学の教材を後日わざわざ持ってきて、わたしに見せてくれた。おかげで、かなり細かい知識まで求められていることが分かった。

さて、具体的にはどうやって勉強しようか。わたしは多喜子先生に相談した。

「まずミールの授業をしっかりと受けてください」

それは当然です。

「そのうえで、プリキナの文典のうち、形態論のところだけを勉強するといいでしょう」

プリキナの文典とは、吾妻《あづま》書房から出ていた『新ロシア語文典』（稲垣兼一・初瀬和彦訳）のことである。もともとはロシア語で書かれた外国人学生向けのロシア語文法書で、原著者はロシア語学者のイリザ・プリキナとエカテリーナ・ザハワ＝ネクラソワ、そのうちのひとりの名前から、学習者の間ではプリキナと呼びならわされていた。
いまでは絶版となって久しい『新ロシア語文典』だが、一九八〇年代では入手可能な文法書の中でもっとも詳しく、わたしも購入していた。形態論の部と措辞《そじ》論の部からなり、そのうち形態論は名詞、形容詞、代名詞のように、品詞別に詳解される。この部分を学習すれば、品詞についてはかなり細かい知識まで身につけられるから、編入試験に向けての受験勉強には格好の教材である。多喜子先生が薦めるのも、もっともなのだ。

ただし『新ロシア語文典』は全四百ページ、形態論だけでも二百ページを超える。これをミールの授業のように徹底的に暗唱するのは、どう考えても不可能である。そもそも文法の細かいところには、正直なところ自信がない。本科への進級だって、多喜子先生におまけしてもらって、やっと入れたくらいなのだから。

そこでわたしは、再び『標準ロシア語入門』を取り出し、もう一度読み直すことにした。

ロシア語文法の基礎を復習してから、『新ロシア語文典』をすこしずつ読み進める。そういう方針を立ててみた。どんな教材にせよ、同じロシア語文法には違いない。

『文典』はそれが詳しいだけのこと。細かい知識を覚える前に、なにが基本で、なにが応用か、まずはこれを押さえておかなくては、先に進めない。

わたしはこの先も、節目節目で『標準ロシア語入門』を読み返すことになる。

本科に進級してからも、わたしは相変わらず、クラスで最年少だった。ときには貝澤くんと違うクラスに配属されることもあり、そうなると年下であることがさらに目立つ。しかもロシア語学科の大学生ではない。かつてのヘンな高校生は、ヘンな大学生になっていた。

だがヘンなのは、わたしだけではなかった。ミールに通ってくる生徒には、謎の人が多かった。だいたいは社会人で、授業には仕事のあとでやってくる。だが具体的な職業となると、まるで見当がつかない。そこが高校や大学とは違うわけで、それが楽しかったりした。

授業のあと、クラスメート何人かで近くの居酒屋へ飲みに行くこともあり、編入試験を控えていたわたしも、そういうことは積極的につき合った。社会人と話をするのが、物珍しかったこともある。

いつも率先して飲みに誘うおじさんがふたりいた。ひとりは藤子不二雄《ふじこふじお》の漫画に出てくる、ラーメンばかり食べているおじさんに似ていて、もうひとりはずんぐりと大きくて、雪男みたいだった。授業中はいたって大人しいふたりだったが、場所が飲み屋に変わると急に元気になり、サラリーマンらしい情けない愚痴《ぐち》をこぼしながら、下品な冗談を連発した。口ぐせは「おじさんたちみたいになっちゃダメだよ」で、貝澤くんとわたしの顔をみれば、このセリフをくり返す。わたしはこれを素直に受け止め、ああいうふうにならないように、現在も気をつけている。

そういうヘンなおじさんもいたが、基本的には真面目な人が多かった。

ひとり、非常によくできる女性がいた。課題はしっかり暗唱してくるし、発音も先生から誉められることが多い。イントネーションがよくないと指摘されて悩んでいるわたしに、ロシア語の朗読テープを貸してくれたこともあった。わたしの目指す四谷の大学の卒業生で、その当時はロシア語と関係のある省庁に勤めていることが、授業中の自由会話の内容から推測できた。やはり実際に仕事で使っている人は違う。

だが彼女はある日、ミールをあっさりと辞めてしまった。理由を聞けば、「もう充分やったから」。

彼女だけではない。このような優秀なタイプにかぎって、実にきっぱりとロシア語に見切りをつけてしまう。もちろん多喜子先生も残念がるのだが、外国語は本人のやる気がなければ、誰も強制できない。去りゆく後ろ姿を見送るしかないのである。

わたしは考えた。

優秀でないわたしにできるのは、辞めないことだけだな。

＊

一九八五年二月中旬、わたしは四谷の大学へ編入試験に出かけた。この大学は現役時代に受験したので、同じ道を二年ぶりに歩いて、試験会場へ向かうわけである。あのときは一般入試だったから、受験生が大勢いたが、今回のような編入試験は、ほとんど人がいなくて、キャンパス内もひっそりと静まりかえっていた。

一次試験は筆記とディクテーションだった。問題はやはり難しく、手ごたえなんてほとんどなかったが、それでも差し当たり合格した。運がいい。

数日後におこなわれた二次試験では、午前中は入学の志望動機に関する論述（日本語）、午後は専任教員全員による面接だった。志望動機では、ミールで熱心にロシア語を学んできたことをアピールしておいた。というか、ほかに誇ることなんて、なにもなかったのである。

面接では、筆記試験の成績があまりよくなかったことが告げられた。ああ、やっぱり。そのため二年生からでよければ、編入を許可するがどうかと打診された。どうもこうも、喜んで受け入れるしかない。

お情けで合格するのは、ミールの本科試験に続いて二回目である。本当に試験がダメなのだ。でもまあ、受かってしまえばこっちのもの。

いまになって、当時の専任教員たちの気持ちを想像してみれば、なんだか知らないが、やる気だけはありそうだから、おまけで編入学させてみるかと考えたに違いない。それにしても、この受験生が必死でアピールするミール・ロシア語研究所とはいったいなんなのか、先生方は不思議に思ったことだろう。

一九八五年四月、わたしは四谷の大学のロシア語学科二年次に編入した。新しい大学生活にはすぐ慣れた。それまでは史学科の専門科目と並行してロシア語を学んでいたが、これからはロシア語だけやっていればいいのである。こんな楽なことがあるだろうか。

ひと月ほどして、廊下ですれ違った学年主任の先生から、最近調子はどうだねと声をかけられたとき、わたしはなんの躊躇いもなく「Всё в порядке.《万事順調です》」とロシア語で答えた。先生は、いや、それはそう答えるかもしれないけれど、本当のところはどうなのだと、さらに尋ねてくる。気を遣っていただいているのは分かるのだが、そのときは《万事順調です》こそが、紛れもない本心だったのである。

ロシア語学科に編入できたことは、多喜子先生も喜んでくださった。

「では、今後はますますがんばって、ロシア語を勉強してください」

もちろんです。たとえロシア語学科で学ぶようになっても、ミールの授業が優先順位の第一位であることは、決して変わりません。

朝から晩までロシア語漬け。この理想的な環境を整えるまでに、わたしはふつうの人よりだいぶ時間がかかってしまった。

それゆえに喜びもひとしおの、二十歳の春だった。

第四章　途中から参加するドラマ

大学編入とは、テレビドラマを途中から観るようなものである。

わたしが四谷の大学の二年次に編入してみれば、クラスメートたちの間では、すでに人間関係ができあがっていた。しかも学年が入り乱れる。ここのロシア語学科は、俗に「地獄」と呼ばれるほど厳しく、三年目、四年目の学生が落第の結果、同じ二年生の授業を受けていることも珍しくなかった。反対に、本来は二年生になるべきところ、成績が振るわずに、一年生をくり返している学生もいて、そういう「一年生」は当然ながら、わたしのクラスメートと知り合いというわけで、話はますます複雑である。

人づてに聞けば、黒田があっという間にクラスに馴染んだことに、教員たちは安堵《あんど》したそうだが、わたしはじっと観察して、お互いの関係を的確に摑むよう、密かに努めていたのだ。しかも関係を摑むだけではダメで、自ら参加しなければならないドラマなのである。

振り返ってみれば、わたしの外国語学習は常に「途中から」だった。

小学六年生のとき、人に勧められてNHKのラジオ講座で英語を勉強することにしたのだが、聴き始めたときにはすでに五月となっていた。四月分はテキストを頼りに、ひとりで学習するしかなかった。

ミールについても、すでに紹介したように、どのクラスもたいてい途中から参加した。一から始めるということは、ほとんどなかった。だが、別に悪くはない。足りない分は、自分で補えば済むこと。そもそも人生は、誰もが途中から、この世に参加するのである。

とはいえ、教材を途中から学び始めるのは、楽ではない。

ミールの本科では、『標準ロシア会話』のほかにも教材があった。

ロシア語学習用読本は、月曜日と木曜日で違うものを使っていたが、そのうちのひとつ（どちらの曜日だったかは忘れたが）は長篇物語だった。ところがわたしが授業に加わったときには、その教材がすでに絶版だったのである。そこで多喜子先生からコピーをいただいて、授業に備えることにした。

指定されたのは、長篇物語のうち「一般家庭でお客に呼ばれて」という新しい章である。予習のために自宅で読むのだが、冒頭部分はこんなふうに始まっていた。

数日後、オレーグが大学寮にいると、ドアがノックされた。「どうぞお入りください」とオレーグはいったが、アンドレイを見て非常に驚いた。「いったいどっから来たんだよ、アンドレイ?」

「もちろん『スプートニク』からさ」と、アンドレイは明るく答えた。

ちょっと待て、オレーグって誰? アンドレイとはどういう関係? 「スプートニク」って、まさか人工衛星じゃないよね?

コピーの隅を見れば、六十八ページと印刷されている。いくら新しい章からのスタートでも、それまでの六十七ページ分の人間関係が、皆目分からないではないか。テキストがまるごとあればいいが、コピーで部分的にもらっているので、これより前の部分は手元にない。たとえあったところで、当時のわたしのロシア語力では、短時間で目を通すことはできなかっただろう。

この教材は、エブゲーニヤ・レシュケ著『*Один год молодой семьи* 若い家族の一年』（モスクワ、一九八一年）という。ミールの生徒たちは、主人公ふたりの名前を取って「オレーグとマリーナ」と呼んでいた（ちなみにスプートニクとは、クリミアにあった若者向け国際保養施設で、物語はそこから始まるのだった）。

この本のまえがき部分を訳出してみよう。

> 読者の皆様へ。お手元にあるのは、ふつうの本とはまったく違います。中には数字や表がたくさんありますが、だからといって社会学研究ではありません。抒《じょ》情《じょう》的な主人公、「彼」と「彼女」が登場しますが、恋愛物語というわけでもないのです。この本はロシア語を学習中で、しかもソビエトの若者の生活に興味がある方に向けて、執筆されました。

つまり物語を装いながら、ソ連社会を紹介するロシア語教材なのである。オレーグ

『若い家族の一年』

とマリーナという平均的な若者ふたりが出会い、結婚し、子どもができるまでの過程を追いながら、ソ連の、主に若者の生活の現状分析を紹介する。全二百五十ページ弱、基本的には基礎語彙三千語で書かれていて、それ以上の難しい語彙には、英語で訳が添えてある（ちなみに書名も *One - Year of a Young Family* という英訳がある）。全編にわたって、ウダレーニエの位置を示す記号がついているから、この点も助かる。

ロシア語教師になったのち、この本が偶然手に入ったので、一とおり目を通したのだが、読めば読むほど実によくできていて、感心してしまった。

中級レベルの学習者が覚えるべき単語や表現が満載。物語の展開も教材にしては悪くないし、オレーグとマリーナの行方もけっこう気になる。ときどき挿入される統計などは、多少わざとらしくもあるが、そこに示されるデータはなかなか面白い。もちろん、いまとなっては時代遅れであるが、ではこれに匹敵するような教材が現在あるかといえば、すくなくともわたしは知らない。この先、ロシア語中級講読を担当するようなことがあったら、わたしはこれを選んでもいいとさえ考えている。一定の時が経過した現在、七〇〜八〇年代の若者の実態やデータを客観的に知ることもまた、いろんな意味で勉強になるのではないか。現状はいくら追い求めたところで、どうせすぐに変わってしまう。世の中は移ろいゆく。

そうはいっても、この物語を途中から読み始めたときは、絶望的な気持ちになってしまったのである。

＊

『若い家族の一年』を使った本科の授業の進め方は、予科の『言語能力発達教材』と変わらない。生徒は予習として、指定範囲の意味を調べておく。授業ではその部分の音読、和訳、露訳、最後に内容についての質疑応答を順番にこなす。もっとも大切なのは口頭による和文露訳なのだが、これをうまくクリアするためには、事前に本文を暗唱しておくのがもっとも効果的だ。

外国語学習では、あるレベルに達すると、必ずまとまったテキストを読む練習をする。生徒はそのために、自宅で知らない単語を辞書で調べてきて、授業中に自作の試訳を発表する。教師は間違いがあれば訂正し、さらにコメントを加える。いわゆる「訳読」だが、現在では世間から厳しく批判される。そんなことをしても、外国語が話せるようにはならないという。

だが話せるようにならないのは、訳読が悪いのではない。そのあとで暗唱しないからである。どんなテキストにせよ、訳出したあとに口頭で、日本語から外国語へ訳す練習をすれば、必ず実力がつく。家で辞書を引いてくる作業は、学習の準備にすぎない。和訳を確認したあとで暗唱するのが勉強であり、教師はそれをサポートするのが任務である。

シュリーマンの昔から、暗唱が外国語教育に効果的なのは自明の理なのに、それが実践できていないのは、生徒が暗唱を面倒くさがるだけでなく、教師もまた、そういった単純作業を軽視するからではないか。つまり、教師自身が面倒くさがっているのである。生徒の暗唱につき合うには、教師にも覚悟が必要だ。しかも本格的にやろうと思ったら、受講生の数を思い切り限定しなければならない。大学ではどう考えても無理だ。

だからこそ、ミールのような専門学校が必要なのである。先生が面倒くさがらず、熱心に生徒の暗唱につき合ってくださるのだから、たとえ物語の途中だろうがなんだろうが、生徒もしっかり予習して、それに応えるしかない。

内容がどんなに難しくなっても、発音は疎かにできない。強いウダレーニエが要求されることも、どのクラスだろうが変わらない。それがミールである。

ミールの発音指導は、決して手加減しない。ときには物語の内容なんてそっちのけで、発音のダメなところを指摘される。

「《黒田さん、いまの文をもう一度発音してください》」

当時、わたしは大田区に住んでいたのだが、JR大森駅から自宅までは、徒歩で二十分くらいかかった。夜十時過ぎ、すでにシャッターの閉まった商店街を歩きながら、その日の授業で、多喜子先生から注意された発音が、頭の中で甦《よみがえ》る。

今日はЖの音がよくないといわれた。Жは雑誌という意味の「журнал ジュルナール」の、はじめの「ジュ」という音である。『標準ロシア語入門』によれば「舌を奥へひき、舌先を硬口蓋《こうこうがい》に近づけ、舌先に向けて強い息を集中すると、舌先と硬口蓋とのうすいすきまで空気がまさつしてこの音がでます」とあるが、理屈は分かっているつもりでも、ダメ出しされまくりだった。

そんなにダメだったかな。自分ではちゃんとやってるつもりなんだけど。ジュ。こんな感じかな。ジュ。ジュ。もっと歯と歯の間を開けなさいっていわれたっけ。ジュ。いや違う。ジュ。こうかな。ジュ。ジュ。ジュ……。

気がつけば、前を歩いていたサラリーマン風の男性が、歩みを意識的に速めていた。わたしから、すこしでも離れたいようだ。

後ろからジュ、ジュとくり返す、不気味な男が近づいてきたら、誰だってそうする。

＊

考えてみれば、「オレーグとマリーナ」の物語を途中から読んだのは、わたしだけでなく、同じクラスのほとんどが、そうだったのかもしれない。授業では毎回一、二ページくらいしか進まないから、六十八ページに到達するまでには一年以上かかったはずで、だとすれば最初のほうを読んだ生徒は、すでに上のクラスに進級している。みんな澄ました顔で授業を受けているが、当初はわたしと同じようなショックを、密かに受けていたのではないか。

澄まして課題をこなす生徒が多い中で、やたらに素直で、しかも元気のいい女性がいた。

筆塚真理子《ふでづかまりこ》さんだった。

女性の年齢は分からないものだが、当時の彼女は三十代後半くらいではなかったかと想像する。労働組合の事務所に勤め、ロシア語学習歴もかなり長いようだったが、大きな目をクリクリさせながら、授業中にときどき天然ボケを発揮する、剽軽《ひょうきん》で明るいお姉さんだった。

彼女はわたしのことをドラコーンチク Дракончик と呼んだ。わたしは昔から友だちには「龍ちゃん」と呼ばれていたのだが、それをロシア語に訳せばドラコーンチクとなる。そんな話をしたところ、彼女はこれが非常に気に入って、以来いつでもドラコーンチクだった。

「ドラコーンチクさん、ちょっとね、これから飲みに行きましょうよ」

授業後に飲みに行くのは、貝澤くんやボヤキのサラリーマンが多く、女性はあまり行かなかったのだが、筆塚さんは違った。代々木駅周辺のお好み焼き屋とか居酒屋に行っては、ロシア語やソ連の話を夢中でしながら、ふたりでビールを酌《く》み交わした。どちらもお金があまりなかったので、駅前の中華屋ではビールの他に搾菜《ザーサイ》くらいしか頼めなかったのだが、わたしたちは図々しくも、その搾菜をお代わりまでして粘った。たまにお金があると、「きょう生きている喜びを嚙《か》みしめましょう」とかいって、餃子を注文するのが贅沢だった。

一九八〇年代後半は、ゴルバチョフによるペレストロイカ政策のおかげもあって、日ソ関係には明るい兆しが見え始めてきた頃である。両国間の交流事業も増え、大学生のわたしにさえ、通訳の仕事がすこしずつ入るようになる。筆塚さんとは、ミールから紹介された仕事をいっしょにやったこともあったが、彼女には日ソ間の親善団体にも知り合いがいて、そこの仕事に誘われることもあった。ふたりでいっしょに仕事をするときは、なんだか通訳プロダクションみたいな気分だったので、わたしは彼女のことを「マリコ社長」と呼び、「マリーズ事務所」を名乗った。もちろん冗談でやっていたのだが、中にはこれを真に受けて、架空のマリーズ事務所に仕事が本当に来てしまうことすらあり、ふたりで大笑いした。

マリコ社長は過去をあまり語らない人だった。四国の、たしか徳島県の出身で、短大を出てから東京に来て就職したのだが、ある尊敬する人の勧めで、ロシア語を学ぶようになったという。だが、それ以上のことは知らない。

彼女は知り合いが多く、わたしもいろいろな集まりに連れて行かれた。ロシア人が来るときもあったが、彼女が自分の友だちとパーティーをするからと、誘われることも多かった。そういうところに集まるのは、マリコ社長と同じく変わった人ばかりで、さらに話を聞いてみれば、かつてロシア語を勉強していたとか、実はミールに通っていたという人さえいた。いったいどういう知り合いなのか、四谷の大学で人間関係を摑む技術を身につけたわたしにも、さっぱり理解できない。だがやがて親しくなり、そういう人たちからも、ドラコーンチクと呼ばれるようになった。

ある日マリコ社長から、いきなり電話がかかってきた。

「あのね、ドラコーンチクさん、いま通訳が足りないから、これから来てくれない？」

そりゃマリコ社長の頼みとあれば、すぐにも飛んでいきますけどね。いまどこなんです？

「それがね、ＮＨＫなの」

なんでもモスクワから送られてきたビデオを編集して、夕方のニュースに間に合わせるため字幕作りを急いでいるのだという。マリコ社長はいったいどこから、そういう仕事を見つけてくるのか。相変わらず不思議だったが、わたしはとにかくNHKに駆けつけ、ふたりで手分けをして、ビデオの字幕を作った。詳しくは忘れてしまったが、シュワルナゼ外相（当時）のクセのあるロシア語に苦戦したことだけが、印象に残っている。

それから十年以上もあとのことだが、マリコ社長は労働組合の事務所を辞め、ロシア語通訳業に専念することになったと、人づてに聞いた。NHKの衛星放送で世界のニュースを紹介する番組を見ていて、それがロシアのニュースになると、ときどき右下に「通訳：筆塚真理子」という名前を見かけた。ほほう、マリコ社長、相変わらずNHKで活躍しているんだね。通訳業から離れて、大学教師になったわたしは、懐かしくも嬉しく思っていた。

だから突然の訃報に接したときは、ことばもなかった。確か五十二、三歳だったと思う。

わたしが二十一世紀になって泣いたのは、今のところ、このときだけである。

お通夜に行く途中、多喜子先生に会った。「そうね、黒田さんは筆塚さんと仲が良かったですものね」

そうなんです。しかもただ仲が良いだけじゃなくて、彼女はいろんなことを教えてくれた、お姉さんみたいに大切な人だったんです。

その頃わたしは、テレビ講座に講師として出演することが、すでに決まっていた。NHK局内でマリコ社長に会えるんじゃないかと、密かに楽しみにしていたのだが、それも叶わぬ夢となった。

筆塚さんはわたしの人生に突然現れ、途中で忽然《こつぜん》と消えてしまった。

＊

話をすこし戻そう。

四谷の大学に二年次編入してから、月日はあっという間に過ぎ、気がつけば卒業まで、あと一年となっていた。当時はバブル景気が始まった頃で、ロシア語関係者にとっては、チェルノブイリ原発事故のようなマイナスもあったけど、就職はイケイケだった。クラスメートも希望に燃え、商社やメーカーに勤めることを目指して、就活に動き始めた。

一方、わたしはもうすこしロシア語の勉強を続けたかった。といっても、運用能力を高めようというのではない。それはミールで充分に身につく。そうではなくて、もっとロシア語を多角的に知りたかったのである。その頃に熱中していたのは中世ロシア語、つまりロシア語の古文だった。こういうことをもっと深く学んで、ロシア語の全体像をしっかりと捉えたい。本当にロシア語ができるというのは、そういうことなんじゃないか。

この頃から、わたしは大学院進学を考えるようになった。

最近では世間でも、大学院が身近になったようだが、当時はそれほどでもなかった。せっかくの好景気で、就職先も選《よ》り取《ど》り見取《みど》りなのに、なんだって大学院なんかに進もうとするのか、理解してもらえないのがふつうだった。だからわたしは、進学のことは周囲にもいわず、自分の胸の内に収めておいたのである。

ところが三年生の春休みに、学内でロシア語学科のみを対象とした就職説明会が開かれることになり、関係ないので欠席したところ、わたし以外は全員出席したそうで、おかげで黒田は就職する気持ちがなく、大学院への進学を希望していることが、みんなにバレてしまった。といってもクラスメートたちは、ヘンな編入生がヘンな進路を考えているくらいにしか、思ってなかったようだ。

大学院に進むのはいいが、問題は進学先である。四谷の大学にも大学院はあるのだが、どちらかといえば言語学や国際関係を学ぶところで、ロシア語を深めるには向いていない。ちなみに、これはわたしの判断ではない。相談をした先生全員から、是非とも他大学へ移りなさいと、口を揃えて説得された。わたしはこの忠告に、素直に従うことにした。いま思えば先生方は、いろんなことに興味をもちすぎるわたしに、少々手を焼いていたのかもしれない。

他大学の大学院に進むべく、いろんな人に意見を聞いた。

貝澤くんは「早稲田を受けるんだったら、資料とか持ってくるよ」といってくれた。いつもクールで、他人に対して冷《さ》めていて、日本語でもロシア語でも、酔っても素面《しらふ》でも難しい話しかしない彼が、こんなふうにいってくれたことは心底意外で、内心とても嬉しかった。

だが、わたしは違う方向を考えていた。

その当時、わたしは中世ロシア語以外にも、さまざまなスラブ系言語に興味をもつようになっていた。だが四谷の大学では、そういう外国語の授業が開講されていなかったので、民間のカルチャーセンターに通った。四年生では二年半に及ぶセルビア語クラスを終えて、チェコ語をはじめた。将来、大学院ではロシア語だけでなく、ほかのスラブ諸語まで視野に入れて勉強したい。そのためのステップとして、中世ロシア語をさらに勉強しようと考え、その補助としてセルビア語やチェコ語を学んだのである。

いろいろ調べたところ、本郷《ほんごう》にある国立大学に、スラブ語学を専門とする先生がいらっしゃることが分かった。ユーゴスラビア関係のパーティーで、一度お会いしたことがあったし、著書も読んでいたので、この先生の下で勉強を続けようと考えた。

ところが本郷の大学は難関で、四谷の大学の先生からは、黒田くんがいきなり受験しても無理だから、まずは学士入学で三年生に編入してはどうかとアドバイスされた。

なるほど、そうかもしれない。

ということで、またしても「途中から」を目指すことになったのである。

編入試験に向けての勉強法は、さすがに多喜子先生に相談することなく、ひとりで考えた。本郷の大学の事務室で過去問を見せてもらったところ、基本は露文和訳であることが分かった。だとすれば、必要なのは語彙を増やすことだけ。単純明快だ。

学費はどうするか。家計がそれほど逼迫《ひっぱく》していたわけではないが、親には池袋の大学と四谷の大学の両方に、学費に加えて入学金まで出してもらっていたから、これ以上は頼みにくかった。そこでアルバイトをするわけだが、家庭教師だけでは、なかなかお金が貯まらない。

だが金銭問題も、実はそれほど悩んでいなかった。

その頃にはミールを通じて、通訳のアルバイトの話がときどき来るようになっていたのである。日本の旅行会社を通じて、ソ連からの観光客を受け入れる仕事が多く、ロシア語学科対象の就職説明会を欠席したのもそのためだった。それほど稼げるわけではないけれど、家庭教師代と合わせれば、入学金くらいは払える。そんな胸算用《むなざんよう》があった。

きっとなんとかなるはず。

二十二歳のわたしは、いまと同じく、ひどく楽天的だった。

第五章　永久凍土と間欠泉

ミールの本科では、ラズガボールニクや「オレーグとマリーナ」の他にも、さまざまな教材が使われていた。歴史や地理に関するものが多かったが、ミールの教材の常として、出典がよく分からないものもあった。すでに入手困難となったソビエトの出版物を授業で使うとしたら、コピーを断片的に配布するしかない。ちなみにミールの教材は、『標準ロシア語入門』とラズガボールニク以外、すべてソビエトの出版物だった。

手元には歴史を扱った教材が残っている。珍しく断片ではなく、全五十ページほどで、簡単だが製本されている。おそらく『言語能力発達教材』と同様に、東多喜子先生から直接いただいたのだろう。中身はロシア・ソビエト近現代史で、十月革命に至るまでの経緯や、第二次世界大戦についての記述が中心だ。

試みに一節を訳してみれば、こんな感じである。

　十九世紀の中頃、ロシアは政治的、経済的に遅れた国であった。農奴制《のうどせい》廃止以降は資本主義が発達し始めたが、ロシアは後進的な農業国のままだった。一八六一年の改革は農民たちに土地も生産手段も与えなかったので、最大多数を占める階級、つまり農民は非常に厳しい状況にあった。労働者の状況も、ロシアや外国の資本家たちからひどい搾取《さくしゅ》を受けており、同じく厳しかったのである。国内には憲法もなければ、労働法規もなかった。帝政ロシアは民族の牢獄であった。

テキストにはウダレーニエを示す記号が付されていないので、自ら書き込まなければならない。いま見れば、狭い行間に「農奴制」「生産手段」「労働法規」といった訳語が鉛筆書きでメモされている。一方、「搾取する」や「牢獄」といった単語はそのままなので、すでに知っていたのだろう。似たようなテキストを大量に読まされた結果、難しい単語もいつしか覚えてしまったようだ。

どんなに難しい教材を使おうと、ミールの方式は変わらない。正しく音読して、和訳して、さらに逆訳でロシア語を唱えてから、最後は内容に関する質疑応答。帝政ロシアだろうが、対独戦だろうが、すべて暗唱である。

もちろん、こういったバリバリのソ連史観については、ソビエト崩壊以前の一九八〇年代の学生だったわたしにも、さすがに心理的抵抗があった。大学で習う歴史観とは、あまりにも違う。

だが問題はそこではない。こういう表現は当時の新聞や雑誌で、よく使われていた。外国語学習としては、よく使われる表現を覚えなければならない。どんなに難しくても、一度覚えてしまえば、あとはくり返しだから、結局は実用的なのだ。ミールは歴史ではなく、ロシア語を教える学校である。

歴史のほかによく使われた教材は、日本の科目でいえば地理が近かった。ロシア語でストラナベーヂェニエ страноведение といい、辞書には地域研究などといった訳語が与えられているが、自然のほかに産業や伝統、習慣なども含まれるから、地誌と考えたほうが適切かもしれない。ソ連は大きな国で、共和国や地域ごとにさまざまな特徴があった。その特徴を学ぶのが、このストラナベーヂェニエである。

ストラナベーヂェニエの教材は何種類かあり、コピーの他に、教科書を持っていた記憶もあるのだが、いまでは手元になにもない。その代わり定期試験の答案用紙がいくつか残っていて、そこにコピーの断片を見つけた。訳出すれば、こんな感じである。

レニングラードは海洋都市である。これは至るところで感じられる。気候もまた、雨や霧や風がいかにもそうなのだ。また、通りを行く船乗りの数の多さも同様である。さらには橋の柵の飾りつけがそうだ。そこには竜の落とし子や人魚が施されているのである。

ソ連内の自然や産業を紹介するわけだから、ロシア共和国に限らない。バルト諸国や、カフカース（コーカサス）地方も取り上げられる。

ラトビアの首都リガについては、こんな文章も読んだ。

街の中心である「旧リガ地区」は、特別保護区に指定されている。ここにはユニークな建物で、リガの輪郭を形成する建物の一つ、ドーム寺院がある。一二一一年に建設されたものだ。この建物の建築学的な創意工夫は、この寺院を建設したのが当時最高の職人であったことを証明している。

ラトビア史、アルメニア史、ウズベク史、なんでも面白く読んだ。やっぱり歴史が好きなのだと、実感する。一時は史学科に在籍していたくらいだから、当然かもしれない。

ストラナベーヂェニエについて、歴史寄りの話題は得意なのだが、地理に関する知識はなかなか覚えられない。こちらのほうが普遍的で、むしろ現在でも通用するはずなのに、昔から理科が大の苦手だったわたしには、大自然がつらかった。

記憶に残っているのが、シベリア・極東について学んだことである。マガダン地方にはいまでも、地中にマンモスが凍っているという話が面白かった。だが中には、いくら辞書で日本語を調べても、さっぱり分からないこともあった。

シベリアの永久凍土《えいきゅうとうど》 вечная мерзлота。地中の温度が一年中零度以下であるため、常に凍っている土地のことである。こういう土地のうえには、建物を建てることは難しい、といったような内容だったと思う。

カムチャッカの間欠泉《かんけつせん》 гейзер。周期的に噴き出す温泉のことである。「ゲーイゼル」

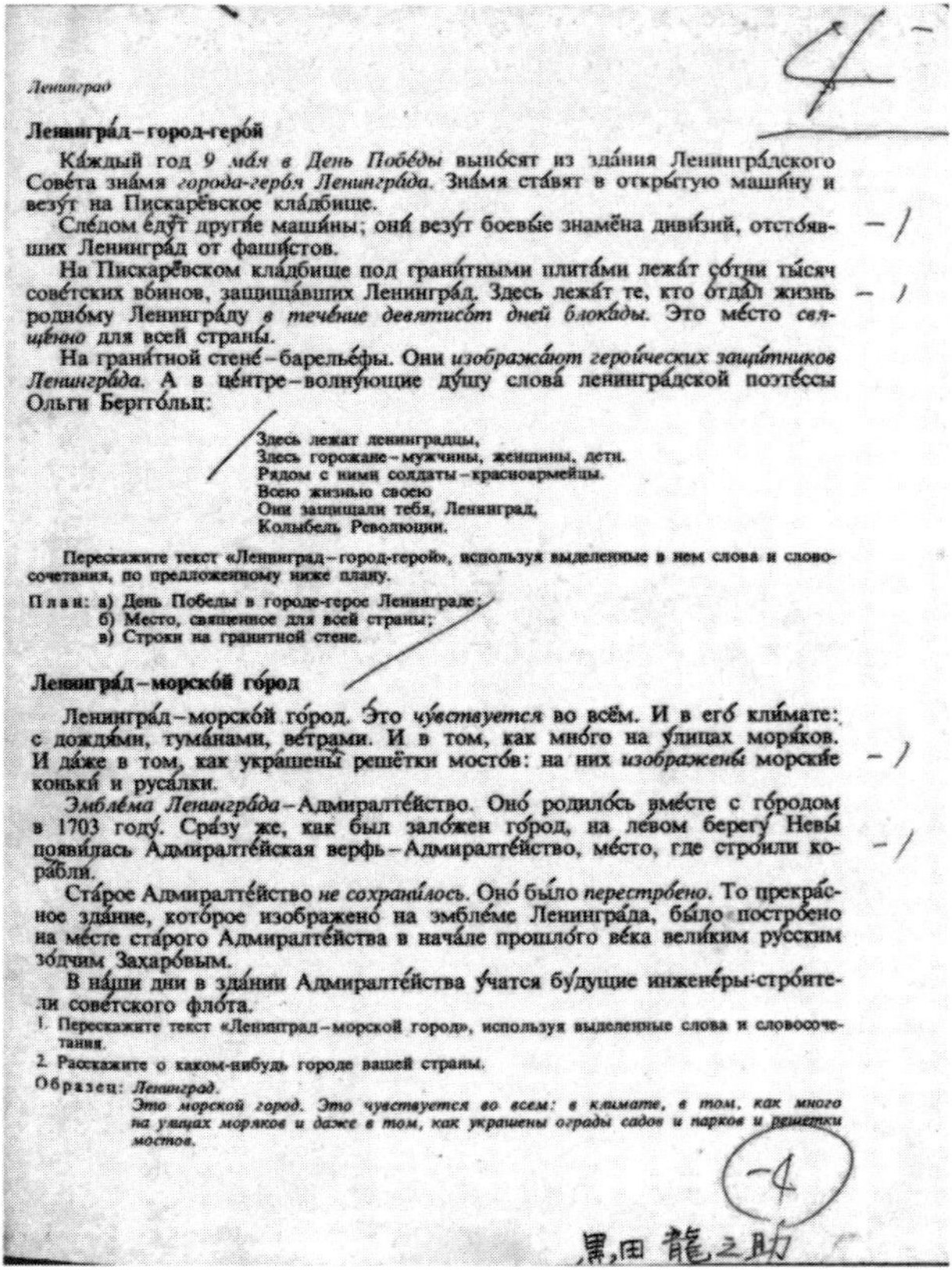

Ленинград

Ленинград–город-герой

Каждый год *9 мая в День Победы* выносят из здания Ленинградского Совета знамя *города-героя Ленинграда*. Знамя ставят в открытую машину и везут на Пискарёвское кладбище.

Следом едут другие машины; они везут боевые знамёна дивизий, отстоявших Ленинград от фашистов.

На Пискарёвском кладбище под гранитными плитами лежат сотни тысяч советских воинов, защищавших Ленинград. Здесь лежат те, кто отдал жизнь родному Ленинграду *в течение девятисот дней блокады*. Это место *священно* для всей страны.

На гранитной стене–барельефы. Они *изображают героических защитников Ленинграда*. А в центре–волнующие душу слова ленинградской поэтессы Ольги Берггольц:

Здесь лежат ленинградцы,
Здесь горожане–мужчины, женщины, дети.
Рядом с ними солдаты–красноармейцы.
Всею жизнью своею
Они защищали тебя, Ленинград,
Колыбель Революции.

Перескажите текст «Ленинград–город-герой», используя выделенные в нем слова и словосочетания, по предложенному ниже плану.

План: а) День Победы в городе-герое Ленинграде;
б) Место, священное для всей страны;
в) Строки на гранитной стене.

Ленинград–морской город

Ленинград–морской город. Это *чувствуется* во всём. И в его климате: с дождями, туманами, ветрами. И в том, как много на улицах моряков. И даже в том, как украшены решётки мостов: на них *изображены* морские коньки и русалки.

Эмблема Ленинграда–Адмиралтейство. Оно родилось вместе с городом в 1703 году. Сразу же, как был заложен город, на левом берегу Невы появилась Адмиралтейская верфь–Адмиралтейство, место, где строили корабли.

Старое Адмиралтейство *не сохранилось*. Оно было *перестроено*. То прекрасное здание, которое изображено на эмблеме Ленинграда, было построено на месте старого Адмиралтейства в начале прошлого века великим русским зодчим Захаровым.

В наши дни в здании Адмиралтейства учатся будущие инженеры-строители советского флота.

1. Перескажите текст «Ленинград–морской город», используя выделенные слова и словосочетания.
2. Расскажите о каком-нибудь городе вашей страны.

Образец: *Ленинград.*
Это морской город. Это чувствуется во всем: в климате, в том, как много на улицах моряков и даже в том, как украшены ограды садов и парков и решетки мостов.

黒田龍之助

定期試験に出題されたテキスト。力点（ウダレーニエ）を打ち、全文訳する

はドイツ語のGeiser/Geysirから来たもので、アイスランド語に由来するという。

永久凍土も、間欠泉も、ミールの教材を通して覚えた日本語である。当時はこんな単語、はたして使うチャンスがくるのかと半信半疑だった。

だが、そのときはちゃんときた。

大学院博士課程の頃、ある小さな研究会に属していた。いつもは某大学の一室で開かれていたが、あるとき温泉地で合宿することになった。いっしょに行くのは、ロシア文学やロシア史の専門家ばかりである。

街の真ん中には、温泉の湧く様子が見られる場所があった。ピューッと噴き出す温泉を見ていると、わたしは急に思い出した。

そういえば、間欠泉はロシア語でゲーイゼルっていったっけな。

ふと口にしたそのことばを、隣にいた大学教師が聞いていた。「黒田くん、ずいぶん難しい単語を知っているね」

いいえ、その、昔ミールで覚えたんですけどね。

＊

ミール・ロシア語研究所では、かつて国内合宿や通訳実習なども実施していたらしいのだが、わたしが通っていた一九八〇年代に、そのような行事が果たして存在したのか、すくなくとも参加したことはない。ただ通訳については、すでに触れたように、ミールを通じて仕事が紹介されることがあった。

はじめて通訳の仕事を経験したのは、一九八六年のことである。この年の八月から九月にかけて、ソビエト視察団が客船で三回にわたり、来日することになった。一回の視察ツアーはそれぞれ十日足らず。わたしはそのうち、第二回および第三回を担当することになった。

視察団は総勢三百人程度で、全部で七つのグループに分かれている。一つのグループは四十〜五十人で、それぞれにわたしたち通訳兼添乗員が同行し、七台のバスに分乗して見学施設や観光地を回る。主な仕事は、バス内および現地での案内だった。

はじめての仕事に先立ち、経験のまったくなかったわたしに対して、旅行会社は第一回視察団が来日する際に、研修のつもりで一日同行してはどうかと勧めてくれた。いくらミールの推薦とはいえ、大学三年生に通訳を頼むのは、旅行会社としても不安だったろうし、わたしとしてもそのほうが安心である。交通費がタダで昼食付きということもあり、半分は物見遊山《ものみゆさん》で参加した。確か、静岡県の登呂《とろ》遺跡に出かけたと思う。

新人通訳候補生として、わたしは各グループの通訳兼添乗員七人にそれぞれ挨拶した。中には英語通訳もいて、その場合はソ連側の英語通訳と組んで仕事をしていたようだが、大半はロシア語通訳で、しかも多くがミールの上級生だった。

上級生たちはときどき廊下ですれ違う程度で、なかには見たことのある顔もあったが、この仕事を通じて知り合うことになった。山口さん、滝澤さん、玉城さん、池田さん、大原さん。偶然にもみんな女性だった。登呂遺跡のときには、そのうちのひとりであるベテランのバスに同乗して勉強した。彼女はわたしの知らない語彙をバンバン使いながら、マイクを通じて流暢に話していた。わたしは感心して聴いていた。

ところがけしからんことに、ソビエト観光客の一部は話をロクに聴いていない。それよりも、研修として参加しているわたしに向かって、個人的なことをあれこれ質問してくるのである。日本の歴史や習慣より、ふつうの日本人がどのような生活を送っているかに、興味があるようだった。

なるほど、観光地に関する知識は重要だけど、気張らずに日常を語ることも大切なんだな。だったら未熟なわたしは、等身大の自分を紹介しよう。
そう考えることができて、すこしだけ心の緊張が解けた。

いよいよ自分が通訳をする第二回視察団が来日した。わたしは相変わらず最年少で、ロシア語もまだまだ実力不足だったことはいうまでもない。上級生たちから、観光地に関する資料をあれこれ貸してもらったり、ロシア語による日本案内もたくさんいただいたりしたが、それでも毎日が緊張の連続だった。

いまにして思えば、通訳という仕事に緊張していたのは、わたしだけではなかったのかもしれない。上級生の中には、今回が初仕事という人もいたようで、彼女たちは実によく準備していた。仕事は東京に限らず、名古屋、京都、神戸などにも出張したが、みんな遅くまで翌日の観光地の情報を復習し、ぎりぎりまでロシア語の準備をしていた。

通訳の中にはプロもいた。やはり女性だったが、仕事がよくできる分、厳しい人だった。

「黒田さん、通訳はね、褒《ほ》められているうちはダメなの。なにもいわれなくなって、はじめてプロなの」

内面は緊張していても、表情には出さず、グイグイと荒削りな通訳をして、ソビエト観光客からお情けで褒めてもらっていたわたしを見て、彼女はそんなことをいった。調子に乗るなということなのだろう。

ところが彼女は、わたしがミールで勉強していることを知ると、態度が急に変わった。聞けば、彼女もかつてミールで学んでいたという。

「これからもがんばりなさい。あなた、才能あるわ。ミールも続けるのよ」

その後も日本国内で、さまざまな通訳の仕事をしたのだが、何人かと組んで仕事をするとき、わたしが同僚にミールで勉強していることを明かすと、相手は必ず一目置いてくれた。大学と違って通訳の世界では、ミールが一つのステータスだった。

＊

通訳をするようになると、いろんな書類が溜まってくる。わたしはさまざまな資料を大型の封筒にまとめ、それぞれ「東京」「京都」「金沢」のような地域別、あるいは「日本文化」「統計」のようなジャンル別に分けて、保存しておいた。こうしておけば、急な仕事にもすぐに対応できるというわけだ。

すでに通訳から遠のいて久しいが、資料だけはいまも手元にある。封筒の中はあのときのままで、四半世紀前の空気が残っているような気さえする。

「東京」を開けてみた。そこには手書きやタイプ打ちのロシア語原稿が、あれこれ詰め込まれている。東京タワーや浅草のほかに、東京ディズニーランドが詳しくて、全アトラクションを手書きで露訳した資料のコピーまである。上級生の誰かが作成したのを、ちゃっかりいただいたのだろう。『東京ディズニーランド・ガイドブック』というパンフレットも残っていた。パンフレット類は各種あって、通訳で訪れる先々でもらってきたことが窺《うかが》われる。

東京都総務局が発行している『暮らしととうけい』といった資料集もあった。こういう話題は、バスの中で時間を潰すときによいテーマなのである。実際には観光でも、名目上は視察として来日している彼らは、統計資料にある数字などを、熱心にメモする。帰国後の報告などで役立てるらしい。こちらもそのつもりで、あれこれ用意しておく。

封筒の中には、観光バスガイドが使うらしい、東京案内の台本まであった。もちろ

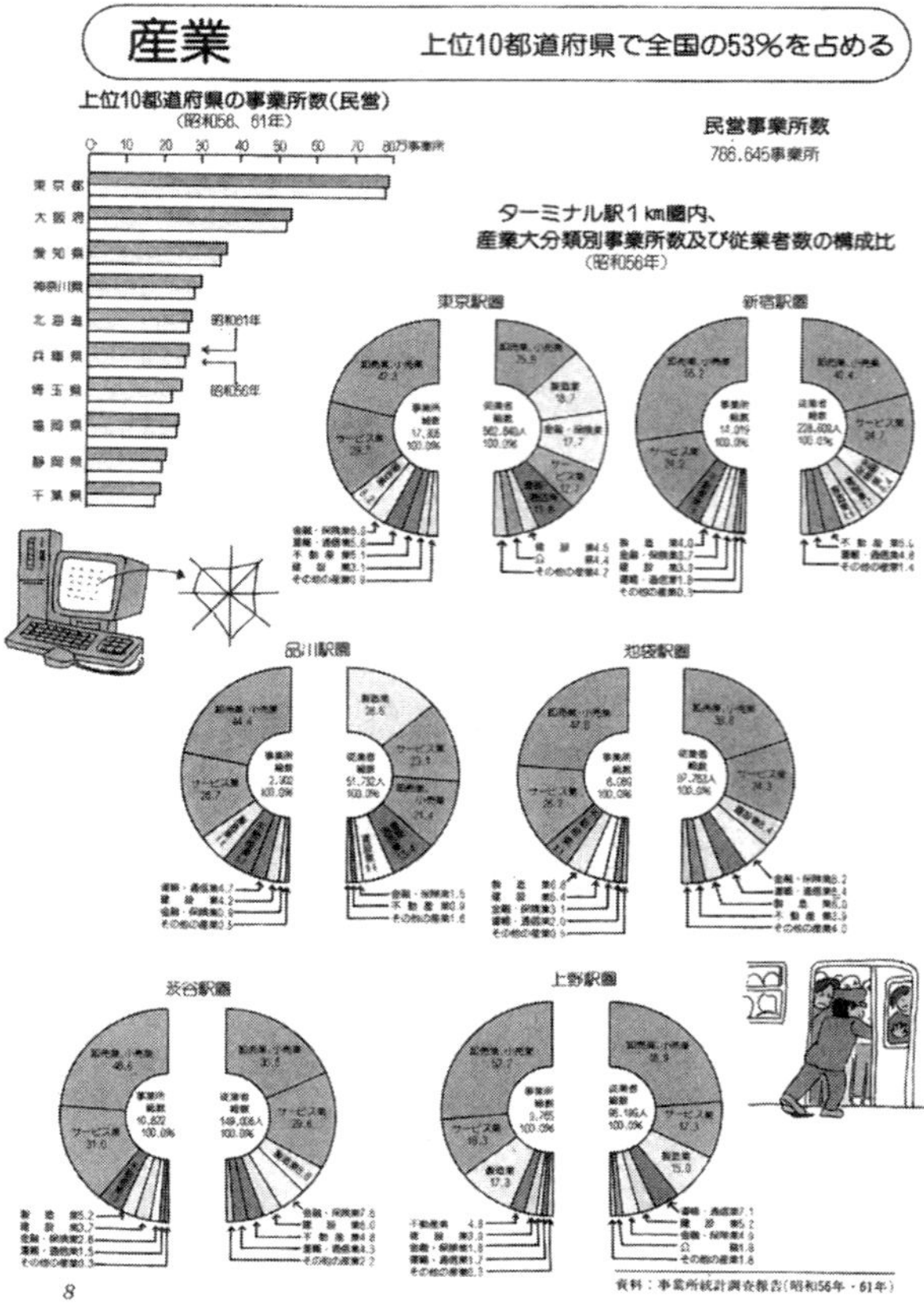

『暮らしととうけいNo5』（東京都総務局、1987年）より

ん日本語だが、これを参考にしてロシア語で説明すれば、ずいぶん助かる。この手のものはふつう門外不出で、いったい誰がどこでどうやって入手したのか不明だが、貴重な資料である。

その冒頭は次のように始まっていた。

東京は一千二百万人もの人口を抱える、世界一の大都会です。五十階六十階という大きなビルが建ち、高速道路や地下鉄が縦横に走り、早いテンポで変化していますが、この東京がこれまで、どのような歩みを続けて来たのか、その移り変りについて少しお話申上げましょう。

この先は東京の概観、さらには名所旧跡の案内が続く。「東京駅」の案内はこうなる。

赤レンガ造りの東京駅は大正三年（一九一四年）に完成し、もう六十年余りになる古い建物です。オランダのアムステルダム駅を真似て造られたもので、新宿や池袋のようなスマートさはありませんが、東京の表玄関らしい、どっしりとした姿を見せています。

お気づきだろうか。ストラナベーヂェニエとなにも変わらないのである！　ミールで学ぶことには、まったく無駄がない。

外国語を専攻する大学生は、授業で覚える単語が実用的でないと、不満を漏らす。こんな使えそうもない単語じゃなくて、もっと役に立つ単語を教えてほしいという。その一方で、スラングや流行語は喜んで覚えたがる。

だが、なにが使える単語で、なにが使えない単語かは、学習者に判断できない。とくに大学生の語彙なんて、たかが知れている。永久凍土も、間欠泉も知らないのである。しかもその基準は、友だち同士で話す場面を超えない。人の交流が盛んになった現在、外国語を専攻する大学生の多くがネイティブの友人をもち、実際に会ったり、SNSで連絡を取りあったり、さらには留学を経験したりしながら、外国語を使っている。それは悪いことではないが、同年代の言語感覚を過信すると、それ以上は伸びなくなってしまい、大人との会話ができない。延《ひ》いては仕事にもならないのである。

スラングや流行語についても、注意したほうがいい。スラングは使う場面を間違え

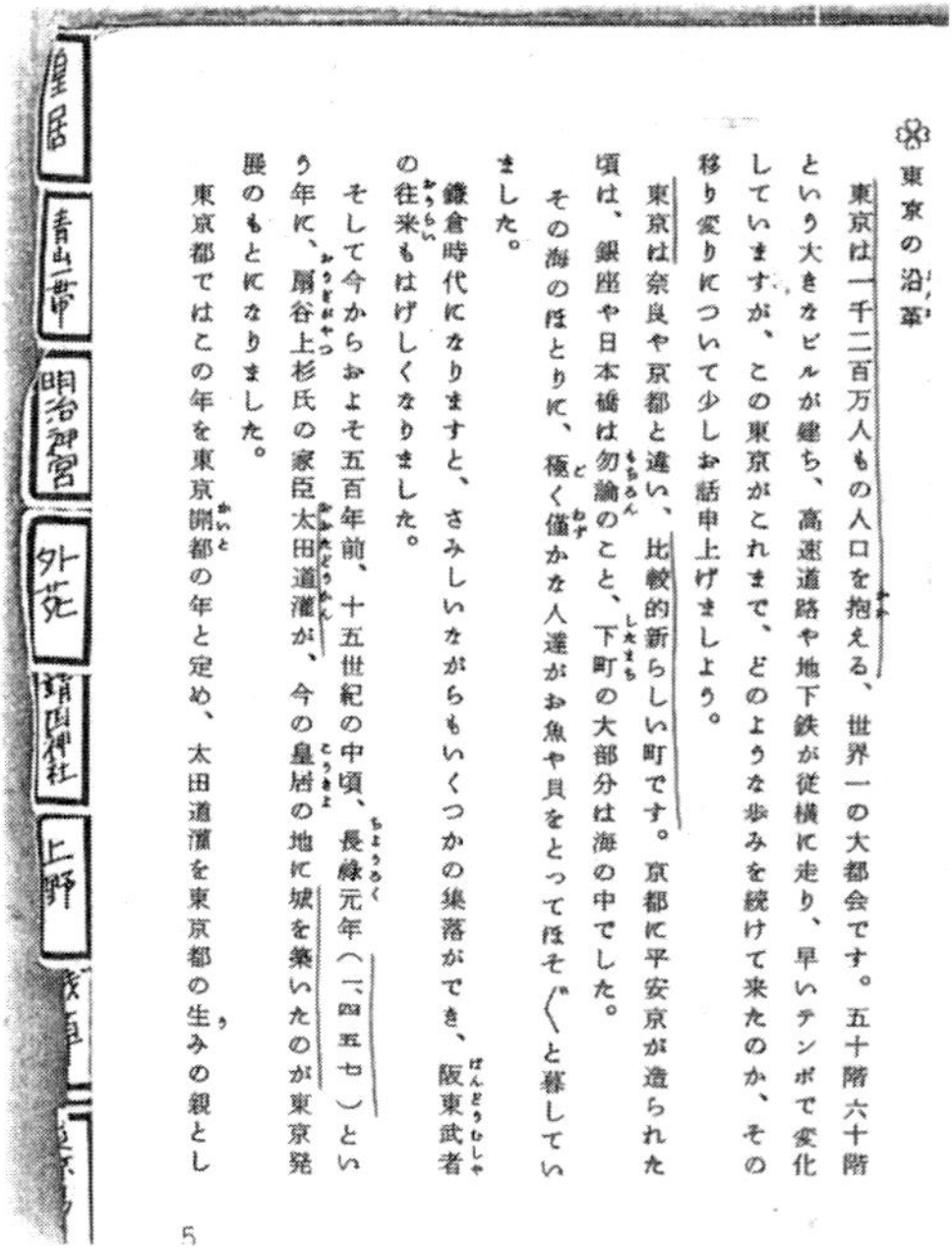
皇居
青山一帯
明治神宮
外苑
靖国神社
上野

東京の沿革

東京は一千二百万人もの人口を抱える、世界一の大都会です。五十階六十階という大きなビルが建ち、高速道路や地下鉄が従横に走り、早いテンポで変化していますが、この東京がこれまで、どのような歩みを続けて来たのか、その移り変りについて少しお話申上げましょう。

東京は奈良や京都と違い、比較的新らしい町です。京都に平安京が造られた頃は、銀座や日本橋は勿論《もちろん》のこと、下町《したまち》の大部分は海の中でした。

その海のほとりに、極く僅《わず》かな人達がお魚や貝をとってほそぼそと暮していました。

鎌倉時代になりますと、さみしいながらもいくつかの集落ができ、阪東武者《ばんとうむしゃ》の往来《おうらい》もはげしくなりました。

そして今からおよそ五百年前、十五世紀の中頃、長禄《ちょうろく》元年（一四五七）という年に、扇谷《おうぎがやつ》上杉氏の家臣太田道灌《おおたどうかん》が、今の皇居《こうきょ》の地に城を築いたのが東京発展のもとになりました。

東京都ではこの年を東京開都《かいと》の年と定め、太田道灌を東京都の生みの親とし

5

東京案内の台本。ロシア語に翻訳し暗記

ると、とんでもないことになる。一方、流行語というものは、常に更新しなければならない。いまどき「オジン」や「ナウい」なんて使ったら、相当恥ずかしいではないか。

外国語を本当の意味で身につけたいのなら、プロになりたいのなら、どんな単語も「好き嫌い」をいわずに覚えなきゃ。ロシア語通訳の経験を通して、わたしはそう考えた。

わたしはすでに、外国語のプロを目指し始めていた。

プロを目指すためには、語彙を増やさなければならない。そう考えると、ラズガボールニクの単語一覧を見る目も、だんだんと違ってきた。

黒テン、白テン、ミンク、アストラカンといった毛皮の名称は、自分で使わなくとも、日本人観光客がソ連で買い物するときには必要だろう。扁桃腺炎《へんとうせんえん》、気管支炎、喘《ぜん》息《そく》、肋膜炎《ろくまくえん》、肺炎など、病気の名前は見ているだけで、こっちまで具合が悪くなりそうだが、一行の中に持病持ちの参加者がいないとも限らない。あらゆる単語が通訳には必要に思え、必死で記憶するよう努めた。

はじめからこんなふうに、悟っていたわけではない。かつてストラナベーヂェニエで、永久凍土や間欠泉に出合ったときは、他にもっと覚えなければならない単語があるんじゃないかと、疑問に思ったものだ。だが、ミールの授業で出てくるとなれば、仕方ない。文句をいわずに覚えるしかなかったが、それがよかったのである。実際、間欠泉はその後も通訳で必要となった。永久凍土はいまのところ使ったことはないが、先のことは分からない。

ミールの教材で使ったストラナベーヂェニエは、ソ連内しか扱っていなかった。だがソビエト観光客に日本を案内するときは、それでは足りない。必要な単語は自分で補う。「皇居」や「五重塔」といった名所旧跡から、「ダブルカセットデッキ」や「ウォークマン」のようなお買い物必須単語まで、せっせと蓄《たくわ》えていく。それが実に楽しかった。

いまでも東京タワーを目にすれば、展望台へ上がるまでのエレベータ内で紹介するロシア語が、自然に口から出てくる。

「《みなさま、本日は東京タワーにお越しくださいまして、誠にありがとうございます。当タワーは総合的なラジオ・テレビ塔で、高さ三三三メートル、一九五八年に建設され、その建設費用は当時のお金で三十億円かかり……》」

一九八八年春、わたしは四谷の大学を卒業して、本郷の大学に学士入学して三年生となった。入ってみれば、ここは本当に小規模な露語露文学専攻で、授業もほとんどが大学院と共通。これなら大学院にまっすぐ行けばよかったと考えていたら、某先生から、だったら大学院を受けちゃえば、だって黒田くんは四谷の大学を卒業しているから、資格はあるでしょというご神託《しんたく》。それもそうだということで、受験してみたら運よく合格し、翌年からは大学院生となるというウルトラCをやってしまった。試験が苦手だといいながら、このころは受験ばかりの日々だった。

どんなに受験が続こうが、身分が大学生から大学院生になろうが、ミールに通うことは変わらない。ミールはすでに生活の一部だった。そこで覚える単語は、大学や大学院では決してお目にかからないものだったが、それを駆使することで、学費が捻出できたのである。

お金と同じく、単語もせっせと稼いでいた二十四歳だった。

第六章　拝啓、グエン・バン・リン書記長殿

ミール мир とはロシア語で「平和」という意味である。

実をいえば、現代ロシア語にはもうひとつミールという単語があって、そちらは「世界」を意味する。古い時代は違っていたが、いまでは多義語となってしまい、ときにはどちらの意味なのか、判断に迷うこともある。

だがわたしたちの学校は、間違いなく「平和」だった。なにしろミールのあったビルの名称が、「平和ビル」だったのである。さらには、ミールと同じフロアに雀荘があって、そこは「麻雀ピース」といった。これはどう考えても「平和」ではないか。わたしは勝手にそう決めつけていた。

ミールに早めに到着して、前の授業が終わるのを、狭くて薄暗い廊下で待っていると、その麻雀ピースに近所のラーメン屋が、岡持《おかもち》で炒飯なんかを運んでくる。それを

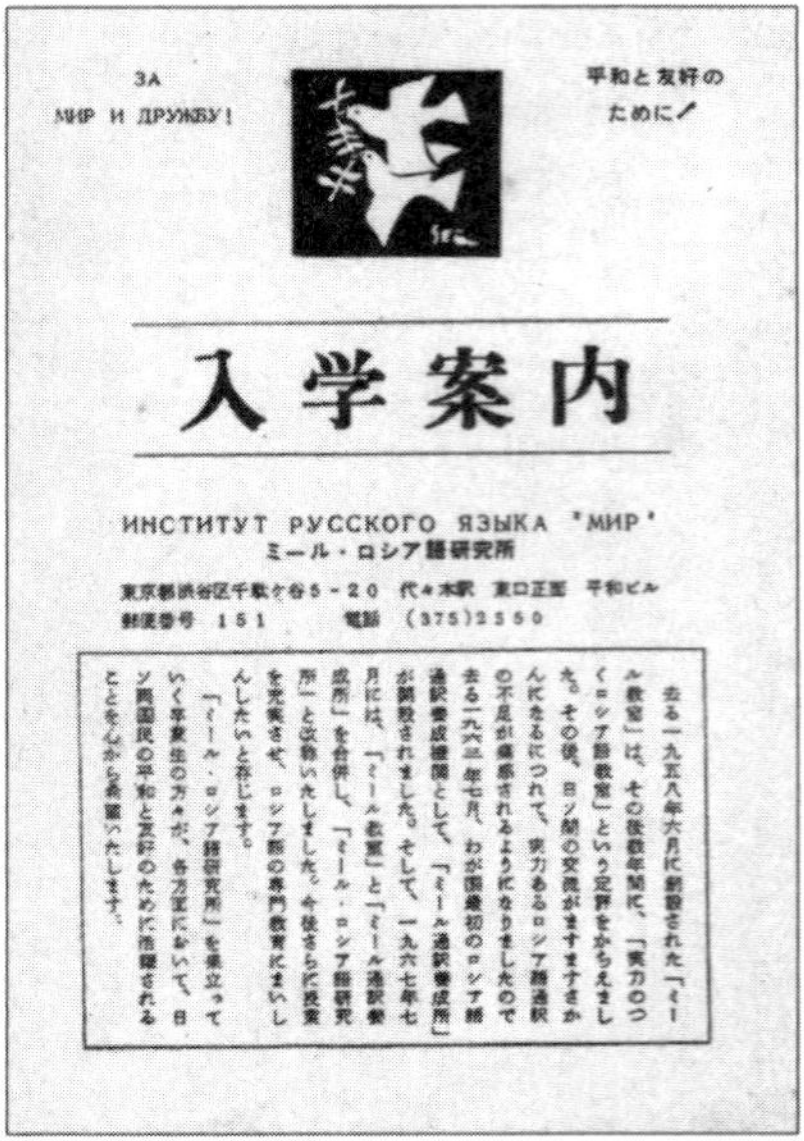
ЗА
МИР И ДРУЖБУ!
平和と友好のために！

入学案内

ИНСТИТУТ РУССКОГО ЯЗЫКА "МИР"
ミール・ロシア語研究所
東京都渋谷区千駄ケ谷5－20　代々木駅　東口正面　平和ビル
郵便番号　151　電話　(375)2550

　去る一九五八年六月に創設された「ミール教室」は、その後数年間に、「実力のつくロシア語教室」という定評をかちえました。その後、日ソ間の交流がますますさかんになるにつれて、実力あるロシア語通訳の不足が痛感されるようになりましたので去る一九六三年七月、わが国最初のロシア語通訳養成機関として、「ミール通訳養成所」が開設されました。そして、一九六七年七月には、「ミール教室」と「ミール通訳養成所」を合併し、「ミール・ロシア語研究所」と改称いたしました。今後さらに授業を充実させ、ロシア語の専門教育にまいしんしたいと存じます。

　「ミール・ロシア語研究所」を巣立っていく卒業生の方々が、各方面において、日ソ両国民の平和と友好のために活躍されることを心から希望いたします。


ミール・ロシア語研究所の入学案内。鳩は平和の象徴

眺めながら、お腹すいたなあ、終わったらマリコ社長と駅前の中華屋に行こうかなあ、なんて考えていた。

　その狭くて薄暗い廊下で、ときどきすれ違う初老の男性がいた。ビルの管理人さんだとばかり思っていたのだが、その男性が帰り際に「До свидания!《さようなら》」とロシア語で挨拶したので、ビックリした。上級生に尋ねると、あれ、知らないの、東一夫先生だよ、と笑われてしまった。

　ミール・ロシア語研究所は、一九五八年に創設されたという。わたしの生まれる前だし、昔のことは知らないが、一九八〇年代の教授陣は、東一夫先生と東多喜子先生、

それに藤沼敦子先生や角田安正《つのだやすまさ》先生が入門科と予科で教えて、さらにソ連大使館からロシア人の先生も招いていたらしい。本科は多喜子先生が中心で、一夫先生は当時、ごく上のクラスしか担当なさっていなかったので、わたしはまったく知らなかった。ミールの「校長先生」にあたる人をビルの管理人さんと間違えるとは、わたしもおバカである。

と同時に、男性タレントを多数輩出している有名な芸能事務所の社長が地味な男性で、オーディションを受けに来た少年たちが気づかないというエピソードも思い出した。

ただし一夫先生は決して地味ではない。背が高くて威厳《いげん》があった。ソビエト製の男性化粧品、おそらく「赤いモスクワ」をつけていらして、一夫先生が現れると廊下にその香りが漂う。歩くときは背筋がすっと伸びていた。あとで知ったのだが、一夫先生はスケートが得意で、授業の前にスケートリンクへ行ってきた話をしてくださったこともある。スポーツマンなのだ。

一夫先生については、上級生からいろんなウワサを聞かされていた。

ひとつはすごく厳しくて怖い先生であること。確かにあの威厳は、怖さに繋がるかもしれない。生徒の中には、相当恐れている者もいたようだった。

その一方で、親しみがあって楽しいという意見もあった。いっしょに通訳の仕事をした上級生たちは、一夫先生とは長年のつき合いだから、もう友だちみたいなものよと笑っている。

いったいどちらが本当なのか、当時のわたしにはさっぱり分からない。

＊

ミールのクラスもだいぶ上級になり、ついにわたしも一夫先生のクラスで勉強するときが来た。毎週ではなく、確か隔週で、しかも金曜日だけだったと記憶している。貝澤くんや筆塚さんも同じクラスだった。

授業では課題がいくつかあったが、ひとつはやっぱりラズガボールニクだった。ただしラズガボールニクそのものを使って勉強するのではなく、対応する「食事」「住宅」「医療」といったテーマで、リスニングをするのである。

その方法が興味深かった。一夫先生はテキストを事前に録音しておいて、それを授業中に再生し、わたしたちに聴かせ、口頭で訳させるのである。その場で読み上げるのではないところが、ミソである。このような作業は、おそらく通訳の訓練も兼ねていたのではないか。

テキストは外国人向けロシア語教材から選んでいたらしい。それもいくつかあって、先生は教科書を切り貼りしてファイルし、それを自分の手元に置きながら、テープを再生する。初級文法が終わったあたりの読本は、「出会い」とか「家族」とか、そういう無難なテーマが多い。それをテーマ別に集めて、集中的にリスニングの訓練をおこなえば、重なる部分が多いので、自然に身につく。予習してこなくていいところは楽だが、リスニングは緊張した。

さらに研究科に上がると、新聞記事の講読がおこなわれた。

これは本当にタイヘンだった。一夫先生が事前に新聞記事を指定するので、わたしたちは各自それを入手して予習し、授業中に口頭で訳さなければならない。わたしは大学の図書館でソビエトの新聞を探し、必要な箇所をコピーして、授業に備えた。大学に所属していたからいいようなものの、他の人はいったいどうしていたのか、いま考えても不思議である。

はじめて指定された課題は、忘れもしない、ベトナム共産党書記長グエン・バン・リンがモスクワを訪れた際の、ゴルバチョフ共産党書記長（当時）の歓迎スピーチだった。グエン・バン・リンは一九八六〜九一年の在職中に、経済改革「ドイモイ」を推進した。「ベトナムのゴルバチョフ」と称せられた人物が、そのゴルバチョフ本人から歓迎を受ける場面なのである。

いまはなんでも調べがつく時代で、試みにインターネットで探してみたところ、それらしき新聞記事が見つかった。

同志グエン・バン・リン書記長殿！

ご来場の皆さま！

ベトナム共産党中央委員会書記長および同行されたベトナムの友人の皆さまに歓迎の辞を述べることを、わたしたちは心より嬉しく思っております。すでにおこなわれました交渉および会談を通じまして、皆さまのソビエト連邦訪問が両党、両国、両国民の揺るぎない親密な関係における新しくて重要な貢献となると、確信をもって語ることができます。

いま訳出を試みても、けっこう難しい。こういうスピーチは、訳し方にも定番があり、とくにこのような公式な場面では、それに沿って通訳することが求められる。大学生だった当時のわたしには、辞書を引いて意味を考えるだけでも、かなり苦戦した。それでもなんとか準備をして、授業に臨《のぞ》んだ。多喜子先生の授業から類推すれば、まずはテキストを見ながらの訳読である。ところが一夫先生の授業は違った。

「《それではテープに続いて日本語に訳してください》」

なんと！　テキストを見ないで、いきなり口頭和訳である。いくら事前に読んできたからといって、ひとつの文がこんなに長いものを、スラスラと訳せるはずがないではないか！　それでも自分の番が無情に回ってくる。しかもよりによって「すでにおこなわれました交渉および会談を通じまして」だ……。

結果はどうだったかといえば、あまりにもつらかったせいか、まったく記憶にない。このあとには和文露訳もあったはずだが、どう考えても無理である。自分の準備不足を思い知らされた。どんなテキストが指定されても、ミールはミールである。和訳にせよ、露訳にせよ、課題をうまくこなそうと思ったら、暗唱しておかなければならないのだ。

ただ、わたしは一夫先生の授業が嫌いではなかった。その反対に、こういうスピーチがスラスラと訳せるようになろうという、新しい目標ができた。それ以降は、せっせと予習するようになる。その頃は通訳の仕事も観光ばかりでなく、会議やシンポジウムまで依頼されるようになっていた。一夫先生の授業は、まさに実用的だったのである。

拝啓　グエン・バン・リン書記長殿、あなたはわたしにとって、公式通訳の象徴です。

*

厳しい通訳練習が終わると、授業の残り時間は自由トークだった。わたしたちは一夫先生に対して、なにを質問してもいい。大切なのは、ロシア語を使うことだった。ところがこういう自由トークは、なかなか盛り上がらない。先輩たちはみんな押し黙っている。やはり事前にネタを考えておいたほうが、よくはないか。

あるとき、わたしはこんな質問を用意してみた。

「《ミール・ロシア語研究所の歴史を話してください》」

一夫先生はちょっと意外そうな顔をしたが、しばらく考え、それからゆっくりと語り出した。

「《ソ連から帰国後、別のロシア語専門学校で会話を教えていたのですが、その頃はいわゆる『スプートニク・ブーム』で、ロシア語を学びたい人がとても多くてね、一クラスに五十人近くも受講生がいました。そんな大人数で会話なんて、土台無理な話で、一人ひとりに『お元気ですか』と聞いているだけで、授業が終わってしまう。もっとちゃんとした授業がしたかったので、自分で学校を創ることにしました。当初はいまとは違った場所で、木造の二階に間借りしていたのだけど、そこにたくさんの生徒がどんどん上がっていくものだから、床が抜けるんじゃないかと、大家さんが心配しましてね……》」

昔を懐かしむように遠くを見つめながら、一夫先生はたくさん語ってくださった。話の合間に「Хороший вопрос, очень хороший вопрос.《いい質問ですね。実にいい質問だ》」とくり返していらっしゃった。話は面白いし、先生も楽しそうだし、わたしはとても嬉しかった。さらには、以前は別のところに教室があって、そのときからミールだったのだから、平和ビルは偶然の一致なのだということも確認できた。

「《いい質問ですね。実にいい質問だ》」とくり返しながら、一夫先生の話はどこまでも続いていった。


これがキッカケというわけでもないのだが、わたしは一夫先生から、とても可愛がられた。社会人のクラスメートたちが、仕事などで授業に遅れたりすると、一夫先生と一対一ということも珍しくなかったが、そんなときはふたりして、ロシア語でお喋りをするようになった。

一夫先生は、たいへんなヘビー・スモーカーだった。授業中もタバコが手放せない。教卓には空気清浄機というか、煙を吸い込む小型器械があって、先生はそこに向かって煙を吐くように、気を遣ってくださるのだが、教室全体がなんとなくタバコ臭いことは免《まぬか》れない。

あるとき、他の生徒が現れるのを待っていると、一夫先生からこんな質問をされた。

「《黒田さん、あなたはタバコを吸いますか?》」

「《いいえ、まったく吸いません》」

わたしは今も昔も、タバコが大の苦手である。

「《それは結構》」

ここで先生は煙を吐く。

「Нельзя курить.《タバコはいけません》」

そしてニヤリと笑って、わたしを見る。わたしも負けずに質問する。

「《どうしてタバコを吸うのですか》」

「《それはですねえ、ソ連には娯楽がすくないからですよ。タバコはね、その数すくない娯楽なんです》」

なぜか納得してしまった。


こんな感じで、いつしか寛《くつろ》いで雑談もできるようになったのだが、それでも授業中は相変わらず厳しかった。とくに厳しいのが試験。学期末に定期試験があることは、たとえ研究科になっても変わらない。しかも発音テストである。

試験当日、わたしたちは指定されたテキストを、一人ひとり発音する。各自の前にはマイクが用意されていて、そこに向かって吹き込むのである。全員が終わるとテープを巻き戻し、今度はそれを再生しながら、一夫先生のコメントを聴く。

「《まだまだウダレーニエが弱いですねえ》」

多喜子先生から長年にわたって指導を受け、強く発音しようと常に心がけているウダレーニエなのだが、一夫先生によればまだまだ弱いのである。それどころか、多喜子先生の発音だって弱いとおっしゃる。

どうしてそれほどまでに、ウダレーニエを強く発音しなければならないのか。

「《ロシア語のウダレーニエとは、実に強いものなのです。そりゃ実際に話すときは、もっと弱くなりますよ。でも普段から弱いようでは、本番ではもっと弱くなってしまいます。それではダメだから、授業中は意識的に、強く発音する練習をするのです》」

授業中に「自然に」話しているようではダメなのだ。

静かで、落ち着いて、先生をはじめ皆が耳を傾ける中で、いくら上手に発音できたところで、本番はそんなふうにいかない。周りが煩《うるさ》かったり、相手がそっぽを向いているところで注意を引きつけたり、コミュニケーションとはそういう駆け引きではないか。通訳の場面だって、大声を張り上げることはしょっちゅうだ。怒鳴《どな》ったことのない外国語は本物ではない。

ということで、一夫先生からウダレーニエが弱いと指摘されれば、強くするべく努力するしかない。

「Это не русский язык.《そんなのはロシア語じゃありませんね》」

こんな厳しいことばをいただいても、じっと我慢のウダレーニエであった。

＊

厳しい試験のあと、たった一回だけだが、一夫先生を囲んで近くの「グリシェン」というお店に、飲みに行ったことがあった。

このときのことはよく覚えている。クラスメートは貝澤くんや、かついっしょに通訳の仕事をした池田さん、大原さん、玉城さん、さらに多喜子先生も自分の授業が終わってから、遅れて登場した。池田さんたちは一夫先生とすでに何回も、いっしょに飲みに行ったことがあるらしいが、わたしや貝澤くんははじめてである。とにかく楽しい晩だった。

一夫先生は肉が大好きだった。肉をたくさん食べることが、幸福であると信じていた。授業中にも、ソ連は安い値段でよい肉が手に入る、日本とは大違いだと強調しておられた。「《でもね、ソ連の肉屋では骨も合わせて重さを量りますからね、なるべく骨のすくなそうなところを選ぶようにするのが、コツなんですよ》」と、先生は可笑しそうに笑っていらした。

グリシェンでも、一夫先生は肉をたくさん注文した。多喜子先生に「ほら、ザクースカが足りませんよ。コロコロステーキを注文しましょう」と促す。ザクースカ закуска とは「つまみ」のこと。ただし一夫先生のイメージでは、和風のちまちましたつまみではなく、ソ連風のしっかりとしたステーキがザクースカだったのかもしれない。牛肉を角切りにしたコロコロステーキは、一夫先生のお気に入りらしかった。お酒は健康上の理由から控えていらっしゃるようだったが、それでもそのときはレモン酎ハイを盛んに飲んでいらした。

「こんなのは水みたいなものです」

わたしたちは笑った。多喜子先生は、

「プリパダバーチェリは若い人と話すのが大好きなのよね」

とおっしゃった。プリパダバーチェリ преподаватель とは男性教師のことで、女性ならプリパダバーチェリニツァ преподавательница、どちらも『標準ロシア語入門』の

第一課で習う基本単語である。夫婦間でプリパダバーチェリ、プリパダバーチェリニツァと呼び合うのが、なんだか面白かった。

思い返してみれば、このときまで一夫先生と日本語で話したことは、ほとんどなかった。多喜子先生もそうだったが、とくに一夫先生の場合は、たとえ授業が始まる前後でも、教室では常にロシア語である。だが飲み屋ではさすがに日本語で、わたしはすこしだけリラックスした。

「貝澤さんを見ていますと、以前ミールに通っていた優秀な生徒を思い出しますね」

かつて入門科ですこし習った、角田安正先生のことらしい。

「黒田さんはね、うちの息子に似ていますよ。やさしい子です」

そういえば、先生ご夫妻には息子さんがいらしたのだった。

「実は昔、息子にもロシア語を仕込んだことがあったのですがね。どうも親子というのは難しいものです。ついつい厳しく接してしまって、息子はイヤになってしまいましたね、残念ながら」

そういうものかもしれない。わたし自身、父親には反発する息子だった。だから先生の息子さんの気持ちもよく分かる。

ミールでは、ちょっとダメな「ニセ息子」でいることにしよう。それがわたしに与えられた役割なのだ。

そう考えながら、わたしはコロコロステーキを、もりもり食べた。

一夫先生はわたしや貝澤くんが大学院生、つまり研究者の卵であることを常に意識しておられた。ふたりが目立って若かったこともあり、一夫先生からはさまざまな忠告をいただいた。

非常に記憶に残っているのは、次のことばである。

「《黒田さんも貝澤さんも、研究者を目指しているんですよね。だったら、長生きしなければいけません。詩人だったら、プーシキンやレールモントフみたいに、よい詩を書いてさっさと死んでしまうことだってあるでしょう。しかし研究というものは、成果が上がるまで時間がかかります。だから長生きしなければならないのです》」

わたしはこのことばを、今でも大切にしている。

そんな一夫先生ご自身は、二〇〇五年九月に、八十五歳で亡くなられた。

あれから長い時間が経過した。結局わたしは、何年ミールでロシア語を習っていたのだろうか。正確には思い出せない。というのも、わたしは一夫先生の授業を受けながら、次第にミールで教えるようになっていたのである。

この話は、第Ⅱ部で語ることにしよう。

習いながら教える。教えながら通訳する。通訳しながら大学院に通う。

二十代のわたしが忙しかったことだけは、鮮明に記憶している。

第Ⅱ部　教師として

第七章　M物産へ出張講師

「黒田さん、授業後にちょっと残ってくださるかしら」

東多喜子先生からこのようにいわれたら、たいていバイトの話である。

通訳の仕事は何度も紹介していただいた。ときには手紙などの翻訳ということもあった。当時のわたしは、ロシア語と関係ある仕事ならなんでもやってみたかったし、お金もいろいろと必要だったから、先生からの「居残り指示」はむしろ嬉しかった。

ところが大学三年生が終わろうとしていた春に、先生から紹介された話は、通訳でも翻訳でもなかった。

「実はM物産にロシア語を教えに行ってほしいんですけど」

ロシア語を教える？

その前に、M物産といいますと、大手町にある、カルガモが通うことで有名な、あの商事会社ですか。

「ええ、そのM物産です。そこの社員三名がソ連に派遣されるのですが、今年の七月からレニングラードで、ロシア語研修を一年ほど受けることが決まっているそうで、その前に基礎を勉強しておきたいというご要望なのです」

なるほど。

その頃はペレストロイカが進み、日本企業でも積極的にソ連へ進出しようという動きが、あちこちにあった。事前にロシア語を学習しておこうという心がけは、決して悪くない。果たしていまも企業にはそのような態度があるのか。それとも、いまではなんでもかんでも英語で済ませようとするのか。

それにしても意外なバイトである。当時のわたしは二十二歳だった。それまでにも、英語ならば家庭教師として、近所の中学生や高校生を教えてきた経験はあったが、果たして会社員を教えることなんて、できるのだろうか。

「大丈夫です。ミールで習ったとおりの方法で教えてください」

ミールで習ったとおりの方法とはなにか。

ここで入門科での授業内容を振り返っておく。

①基本例文と応用例文の発音
②単語テスト
③口頭露文和訳
④口頭和文露訳
⑤質問と答え
⑥次回の単語の発音

当時、わたしは入門科で学んでから、すでに数年が経過していたが、その方法は予科や本科にも継承されていたので、すっかりお馴染みのものだった。身体に滲《し》み込んでいたといってもいい。それどころか、何十年も過ぎ去った現在だって、決して忘れはしない。

そのような「ミールで習ったとおりの方法」だったら、確かになんとかなりそうな気がする。

「七月に出発する方々ですから、時間がありません。わたしは今週の土曜日に文字と発音から始めます。一日三時間の予定なので、『標準ロシア語入門』が二課ずつ進められますね。黒田さんは次の水曜日から本社に行って、一課と二課を教えてくれますか」

分かりました。

こうして、わたしの「ミール・ロシア語講師」時代が幕を開けた。

＊

授業初日。

大手町に降り立つことなんて、それまでなかった。専《もっぱ》ら地下鉄の乗換駅で、用事などまったくなかったのである。

M物産の高い建物を玄関口から見上げれば、その大きさに圧倒される。東京生まれのわたしなのに、思えば遠くへ来たもんだ、という気分になる。どう考えても自分が場違いな存在であることを再認識する。ネクタイをしてきてよかった。わたしは二十代の頃、必要以上に若く見える外見を誤魔化《ごまか》すため、しばしばネクタイを締めていた。

だがそんなものは、この大会社の前ではほとんど役に立たないことも、心のどこかで感じていた。

それは「生徒」の前でも同様だった。

研修生は確か、三人とも三十代だったと記憶している。今にして思えば、社内では若手だったはずである。だが当時のわたしには、ひどくおじさんに見えた。失礼極まりない話だ。とくにそのうちのひとりがかなり額の広い方で、傍《はた》から見ればこちらのほうが明らかに講師の貫禄があった。

実はその一年後に、この額の広い研修生とは、ソ連でばったり出会うことになる。場所はハバロフスクのインツーリストホテル。わたしはそのとき、某県の事業による市民交流のための通訳として同行していたのだが、そこでいきなり「黒田先生！」と声をかけられてビックリした。だがもっと驚いたのは、わたしが率いていたグループの団員たちである。添乗員の黒田さんってば、なんだって明らかに年上の人から先生って呼ばれているんだろうと、誰もが訝《いぶか》しそうにこちらを眺めていた。

初対面のときは、もちろんそんなことは想像できなかったのだが。

社会人が仕事としてロシア語を学ぶ。

ミールの同じクラスには社会人がたくさんいたから、それほど珍しくはなかった。趣味で学んでいる人もいたけれど、仕事で使うという人も多かった。中には大学時代に第二外国語としてロシア語をたまたま履修しただけなのに、会社がそのデータを見つけ出し、ソ連派遣が決まり、それでミールに通うことになった人もいる。「たまたまの外国語」が思わぬ展開を生むことは、意外とあるものだ。とはいえ、その人はいつも浮かない顔をしてたっけ。

それにしても、会社が派遣を決めた研修生に対して、これほど容赦ないとは想像していなかった。

つまり、彼らは圧倒的に忙しかったのである。

ソ連行きが決まり、そのためにロシア語を学ぶことになっても、彼らの業務は通常どおりのように見えた。詳しく聴き質《ただ》したわけではないから、正確には分からないが、通常業務に加えて、引き継ぎなんかもあるからタイヘンなんですよといった話を、研修生たちがしていたことを覚えている。

ときには仕事を優先するため、授業を休む研修生もいた。一回休むと二課分が遅れるから、本当は困るのだが、仕方がない。相当に忙しい中で、研修生たちは新たな外国語に懸命に取り組んでいた。劣悪な環境にもめげず、精一杯がんばっていたのだから、そこは理解しなければならない。

ときには欠席者が多くて、研修生と一対一ということもあった。これはつらい。ミール方式の授業では、他の人が音読しているときにこそ、発音を客観的に捉えることができる。というのは建前で、しばしの休息がとれるのである。ところが一対一ではそうもいかない。続けざまに発音訓練を受けるわけで、そうなったらもうクタクタだ。

実をいえば、わたしもかつてミールの授業で、多喜子先生と一対一ということがあった。ひとりで答え続けるロシア語でも、ウダレーニエを強く発音することは当然ながら要求される。一時間半、わたしは懸命に耐えたのだが、その夜は熱が出た……。

だがつらいのは生徒ばかりではない。一対一は教える側も楽ではない。生徒が明らかに疲れて、調子が悪くなっているときに、無理やり練習させても効果はない。三時間ぶっ続けにビシバシやったら、研修生は倒れてしまう。そこでときどき休憩を入れたり、なにか気分転換となるようなことを差し挟んだりしてみた。ミール方式としてはよろしくないのだが、ときには臨機応変に対応する必要もある。

研修生たちは、授業中に居眠りをすることさえあった。

それほど頻繁ではない。ロシア語の授業中に休息を取ろうなんて、当然ながら彼らは毛頭考えていない。それでも自分以外が発音している隙に、こっくりこっくりと舟を漕いでしまう。授業時間は、通常業務を終えた午後六時から九時。それほど広くない研修室で、教師一対生徒三という少人数であっても、眠いときは眠い。

人間、睡眠不足には勝てない。

これは大学で教えるようになってからも、日々実感していることである。もちろん大学生と社会人では、授業中の居眠りといっても同等には扱えない。大学生の中には、生活のかかったアルバイトに励んでいる者もいれば、遊びすぎの者もいる。一方で、社会人はそもそも忙しい。会社員の研修生ともなれば、先ほども指摘したように、通常業務に加えて、引き継ぎや渡航手続きなど面倒なことがあれこれあり、そのうえでのロシア語である。いくら会社が授業料を出してくれても、それくらいでは引き合わない。とにかく、体力的にクタクタなのだから。

わたしは居眠りする研修生に対して、叱責《しっせき》するようなことはしなかった。そんなことをしても意味はないし、だいたい自分より年上のおじさんたちを叱責するなんて、想像も及ばなかった。わたしが注意すれば、彼らは恐縮して、詫びたことだろう。だが、それでなにかの効果があるとは思えなかった。数分後にはまた眠ってしまう。

日本では、社会人をやりながらなにかを学ぶことが、非常に難しい。趣味や楽しみでやっている分には構わない。だが外国語のように、お金が湯水のようにかかり、しかも長時間かけて取り組まなくては成果の出ないものは、ほとんど不可能に近い。

講演会やトークイベントなどをおこなうと、外国語の勉強法について質問されることが多いが、そのときわたしは、必ず逆の質問をする。

外国語のために時間がどのくらい割けますか。

一定以上の時間を継続して確保できなければ、外国語学習はできない。効果は上がらず、だから楽しくなくて、結果として続けられないことが目に見えている。不毛な挫折体験をするくらいだったら、始めないほうがマシだとまで感じてしまう。

なによりも、自分の自由時間をどれくらい捧げられるかが重要である。プライベートな時間を削ってまで勉強するつもりでなければ、外国語なんて身につくものではない。しかも理想としては、毎日一定の時間を割く必要があり、これがもっとも難しい。

ということは、ミールのクラスメートたちは、忙しい中でなんとか時間をやりくりして、通っていたわけである。そんなことは誰ひとり、口に出していわなかったけれど、十七歳のわたしが高校にはない価値を見出したのは、そんなことを感じたからかもしれない。

すごいクラスメートたちだったんだ。

とはいえ、M物産の研修生たちも必死だった。

なんといっても、数か月後にはレニングラード派遣が決まっているのである。わたしからすれば羨《うらや》ましい限りなのだが、それはロシア語が大好きなお気楽大学生の意見。研修生たちにとっては、未知の、しかもかなり不便であることがたくさん伝わってくる新天地での、厳しい生活が待っているのである。どんなに眠くとも、真剣にならざるをえない。

研修生たちは現地へ遊びに行くのでもなければ、今どきの大学生みたいな優雅な「自分探し」留学でもない。目的は仕事である。当然ながら、知りたい単語も違う。

「黒田先生、『入札《にゅうさつ》』ってロシア語でなんというのでしょうか」

……さあ、なんでしょうね。

経営学はおろか、経済も政治も、社会科学系はほとんど選択しなかった、人文科学純粋培養のわたしは、そもそも「入札」がなんであるかもロクに分かっていなかった。だがロシア語講師として派遣されている以上、知りませんでは済まされない。来週までお待ちくださいといって、家で調べる。

辞書を引いてみれば、「入札」はторг「売買、商売」の複数形торгиだということが分かる。だが単数形の格変化さえ覚束《おぼつか》ない研修生に、участвовать в торгах「入札に参加する」などという複数の前置格形が含まれた表現を、果たして教えていいものか。

そもそも、わたしはロシア語を教えるというよりは、発音トレーナーとしてミールから派遣されたようなものだった。文法の説明や語彙の解説のために、雇われたのではない。

「入札」なんて単語を覚えるよりも、もっと基本的な単語や文を正確に覚えて、ちゃんと発音してください。

あるいは、そういうことは多喜子先生に尋ねてください。

そう答えて逃げることも、不可能ではなかった。

だが、そうもいかない。

やはり教師と生徒は信頼関係である。

相手が知りたい単語や表現があったら、それを調べてくるのが教える者の務め。研修生がまだそのレベルに達していないことが分かっていても、その意欲には応えたいではないか。

それに、こちらもまだ学習者の身だったから、торги が覚えられるのも悪くはないなと思っていた。

こういう質問で困ったことはあったものの、基本的には教育方法で悩むことがなかった。

ミールで習ったとおりの方法で教えてください。

わたしは多喜子先生の指示を、忠実に実行した。

全体の三分の二は発音矯正。研修生が三人だったら、かなり細かく直せる。わたしはかつて自分が習ったように、一人ひとりに発音させ、悪いところを注意し、お手本を示した。

「ウダレーニエが弱いです！」

とはいえ、研修生はやはりウダレーニエが分からない。かつてのわたしと同じだ。

強く発音するといってもどうしていいのやら、途方に暮れている。多喜子先生が担当する土曜日も、同じように戸惑っていることだろう。

なんとか助け舟が出せないものか。

ところが、これが難しい。発音を説明するといっても、音声学的に正確なだけでは、ふつうの生徒に伝わらない。そこでお手本を示し、生徒に発音させ、その違いを指摘する。

ウダレーニエのある母音《ぼいん》は、もうすこし長めに発音します。

ということは、ウダレーニエがなければ、短くていいんです。

でもyやюは、たとえウダレーニエがなくても、丁寧に発音したほうがいいです。日本語の「ウ」や「ユ」と違って、ロシア語のyやюは唇を突き出さなければなりませんから、その分は時間をかけてください。

こんな感じで、生徒の発音を微調整しながら、日本語による説明をあれこれ試してみた。研修生たちの発音は、わたしの説明で劇的によくなることがあって、そういうときは嬉しかった。だがそういうことは稀で、たいていはほとんど変わらないし、場合によっては悪化さえする。そこで慌てて説明を変える。しかしどうにも伝わらなくて、結局は実際に発音してみせるという、原点に戻ってしまう。

お手本を示すからには、自分の発音が正確でなければならない。わたしはこの頃、ミール本科の授業に通っていた。自分も勉強中の身だったのだ。そこで多喜子先生からダメ出しされる音には注意して、あとで何回も練習した。授業中に下手な発音をしたら、カッコ悪いではないか。

とはいえ、いくら気をつけても、発音が劇的によくなることはない。だから研修生たちが急に上達しなくても、辛抱強くつき合おうと考えた。

「師範代《しはんだい》」ということばがある。師範、つまり先生に代わって学問・技芸などを教える人のことだ。

いま思えば、わたしはミールの講師ではなく、師範代だったのだ。かつて自分が師範から教わったとおりに教える。しかもひたすら音読。まるで江戸時代の蘭学ではないか。ただしわたしが教えたのは蘭学ではなく、ロシア語だった点だけが違う。

これぞ、わたしの露学事始《ことはじめ》。

で到達した。猛スピードで駆け抜けた感があるが、あとは現地で伸ばしてもらうしかない。

*

M物産での研修は予定どおりに進み、夏休み前には『標準ロシア語入門』の最後ま

最終授業のあとは、打ち上げということになった。タクシーに乗せられ、いったいどんなところで「接待」されるのだろうと、大学生ながらワクワクしたのだが、着いた先は至ってふつうの中華屋だった。考えてみれば、ソ連に派遣される若手は、まだそれほどの高給取りでもない。自分たちがふだん行っている店に、連れて行ってくれたのだろう。さらによく考えてみれば、会社がわたしに対して接待費なんか出しそうにないから、自腹を切ったのかもしれない。すみませんねえ。ご馳走様《ちそうさま》でした。

こうして、わたしが担当したはじめてのクラスが終了した。正直なところ、ホッとした。もちろん楽しかったのだが、通訳とは違う緊張感があった。自分がどのくらいうまく教えられたかはなんともいえないが、年上を相手に指導していくことだけは慣れた気がした。この経験がのちに、ミールをはじめ、あちこちでロシア語講師をする

ときに活きてくる。

四谷の大学のクラスメートたちは、就職活動に勤しんでいた。ある友人の第一志望は、まさにM物産。「龍ちゃんもM物産に通ってるの？　じゃあ、いつか会社の近くでバッタリ会っちゃうかもね」

そうかもね。でもさ、立場は全然違うんだよね。

友人の苦労を尻目に、二十二歳のわたしはエラソーにミールの師範代を務めていて、それが誇りだった。

第八章　22の不幸を笑わない

　ある日の午後七時半すぎ、わたしはいつものように、平和ビルの廊下で前半の授業が終わるのを待っていた。多喜子先生が担当する、奥の教室での本科の授業を受けるために来たのだが、ふと気がつけば廊下に近い手前の教室から、知らない声が聞こえてくる。藤沼先生でも、角田先生でもない。誰だろう。訝しく思っていると、授業が終わってドアから顔を出したのは、驚いたことに貝澤くんだった。

　いったいなにしてんの？

「いやさ、入門科と予科を受けもつことになってさ」

　まったく、この人はどこまで優秀なんだろうか。つい先日まで生徒だったのに、いまでは講師になっているとは。しかも企業への出張ではなく、ミールの教室で教えているのである。相変わらず凄すぎる。

ところがそれからほどなくして、貝澤くんに代わってわたしが入門科と予科を教えるようになる。

どうやら人手不足だったようだ。

企業研修の講師を務めたのは全部で二回、四谷の大学四年生と、本郷の大学に学士入学した三年生の、それぞれ春から夏休み前くらいだったと思う。だがこの時期は、ロシア語関係のバイトをほかにも忙しくこなしていたこともあり、記憶があいまいである。

研修講師ではなく、代々木の教室で本格的な師範代を務めるようになったのは、大学院生になった一九八九年以降のはずである。何月かは覚えていないが、例によって途中からだった気がする。一方で、似たような時期に四谷の大学からも声がかかり、社会人向けのコミュニティ・カレッジでロシア語中級を教えるようになった。教育法について悩んだのは、むしろこちらのほうだが、それは本書のテーマではない。

ミールの入門科と予科を担当する以前に、多喜子先生からの依頼で個人レッスンを担当したことがある。フィギュアスケート選手の女子大学生だった。ミールの教室を使って教えたのは、このときがはじめてである。通常の授業がはじまる前の、午後の時間にレッスンをした。個人指導なので、気分的には家庭教師の延長だった。

だが個人指導と、クラスを受けもつのでは、やはり違う。

わたしが担当したのは、自分もかつて習っていた水曜日の夜の授業である。その頃は開始時間がすこし遅くなって、午後六時二十分から七時五十分までが入門科、七時五十分から九時二十分までが予科だった。

ミールの授業風景（2013年当時）　撮影：篠田英美

授業では、かつて多喜子先生が座っていた席に自分が座ることになる。教卓には天板の下に物が置ける空間があり、そこにはカセットテープや教材などが収納されていた。いつも見ている教卓なのに、そんな造りになっているなんてまったく知らなかった。わたしはここに、ソ連で買った辞書を置いておくことにした。

長年通い続けた教室もまた、その席からは違って見えた。

まず生徒の顔がよく見える。口を大きく開けているかどうか、はっきりと分かるのだ。しかも、どの席に座っている生徒でも、同じようによく見える。誤魔化しは利かない。

だがそれより驚いたのは、この席に座ると声が響くことである。いや、もしかしたら、これは気のせいかもしれない。だがこの席に座って発音すると、ウダレーニエの強いロシア語が、教室中に共鳴するかのような錯覚に囚《とら》われるのだ。自らが多喜子先生になり切っていたからだろうか。

もちろん、教え方はミール方式である。

授業のはじめに、わたしが質問する。

「Который час? 《何時ですか?》」

生徒は素早く腕時計に目をやる。わたしはその答えが正しいかどうかを判断する。минута「分」は女性名詞ですから、два じゃなくて две ですね。かつて自分がいわれ続けたことを、そのまま生徒に指摘する。たとえ語彙や文法の形は正しくても、発音が悪ければ直す。習ったままに教えたのである。

＊

第Ⅰ部をウェブ連載で執筆中、ミールの元クラスメートや先輩たちから「当時のことをよく覚えているね」といわれた。もちろん忘れていることもあるのだが、授業内容については、生徒としての経験に加えて、教師としてくり返してきたのだから、いやでも記憶に刻まれる。

生徒としての経験は一回だが、教師としては同じことを何回もくり返す。半年で完結する入門科で、『標準ロシア語入門』をいったい何回教えたことか。さらには予科でも復習するから、文字どおり数えきれない。いまでもどの課でなにを学習するのか、どんな例文があるのか、だいたい記憶している。ただし、現在市販されているものではなく、旧版ではあるが。

その間に教えた生徒も、かなりの数に上る。ミールは少人数制だから、一クラス四、五名、多いときでも十名は超えなかったものの、それが数年ともなれば、けっこうな人数を教えてきたことになる。

社会人が多かったが、大学生や大学院生も学んでいた。すでに大学教員として教壇に立っている人すらいた。正直いって非常にやりにくかったのだが、そんなことはいっていられない。ミールでは年齢なんて関係ない。M物産での授業と同じように、どんな相手であっても、発音が悪ければ「Ещё раз!《もう一度！》」といって、発音をやり直させる。

ミールの生徒たちと（1990年代と推定される）

教師として教壇に立つ……、いや、実際は座っているのだが、とにかく教える立場になってみると、それまで気づかなかったことが見えてくる。

『標準ロシア語入門』（旧版）は一課ごとのページ数は同じだが、収録されている例文の数はバラバラで、多いときもあればすくないときもある。これは教えるときに、ちょっとだけやりにくい。たとえば第十四課は、基本例文が六つに加え、応用例文が一ページ分たっぷりあり、生徒の人数によっては発音指導する時間が足りなくなる。適当に端折《はしょ》らざるをえない。

ところが第十五課は、基本例文が二つ、応用例文もページの半分以下で、非常にすくない。時間が余ってしまう。そこで練習問題を応用したり、これまで勉強してきた範囲を復習したりして、調整する。即興で例文を作るのは大変だから、事前に準備しておいた。

このような経験があったからだろう、わたしがのちにロシア語の初級文法書をまとめるときは、各課の例文数をすべて同じとする方針を立てた。毎回覚える分量は一定のほうがいいと考えたのは、ミールで教えた経験に基づいている。ただしわたしの文法書はバラバラな例文だけだから、『標準ロシア語入門』のように習った例文を応用して、会話することは難しい。

予科で使う『言語能力発達教材』も、その使い方には工夫が必要だった。音読、口頭和訳、口頭露訳はいい。生徒の発音にダメ出しをしながら、淡々と進めることができる。

ただし口頭露訳では、元の文が長くて、いきなりすべてをくり返させるのが難しいことがある。そのような場合には、すこしだけ工夫をした。

「わたしはペドロがロシア語でテキストを読むのを聴いています」

これを一気に露訳するのは、ちょっと大変である。そこで以下のように分解する。

「ペドロはテキストを読んでいます」←

「ペドロはロシア語でテキストを読んでいます」←

「わたしはペドロがロシア語でテキストを読むのを聴いています」

こうすれば、頭の中で文が順々に組み立てられる。しかも自分の前に指名される人の答えが、自分の参考になるから、別の人が当たっているときでも、注意して聴くようになるという特典つきだ。

この工夫はわたしのオリジナルではない。多喜子先生や藤沼敦子先生が授業中にやっていた方法を、そのまま採り入れたまでだ。あくまでもミール方式の一環なのである。

ひとつだけ、ミール方式でないやり方をやっていた。

それは名前カードである。

やり方はこうだ。授業の第一回目に、生徒にカードを一枚ずつ配る。トランプくらいの大きさがいい。そこに各自で名前を書いてもらい、回収する。このカードを元に、授業中はこれをシャッフルしながら、アトランダムに生徒を指名するのである。

これは気が抜けない。一度当たったからといって、しばらく休めると思ったら大間違い。カードが新たにシャッフルされれば、次に自分の番がいつ回ってきてもおかしくない。以前、廊下でミールの授業を待つ先輩たちが、自分が何番目に当たるかを互いに見当をつけている姿を眺めながら、これはよろしくないなと感じていたのである。カードをシャッフルすれば、予想もできない。カードがトランプくらいの大きさがいいのは、シャッフルのためである。いつ指名されるかとドキドキし、心臓に悪いからやめてくれと、多くの生徒から懇願《こんがん》されたが、わたしは決してやめなかった。

実はこの方法も、わたしのオリジナルではない。「プロローグ」で登場した、言語学とスラブ語学で有名な大学の先生が、採用していたやり方である。わたしは大学生の頃、ミールに通いながらも別の講習会で、この先生からセルビア語やチェコ語を習った。そのときの方法が、名前カード方式だったのである。それではこれがこの先生のオリジナルかといえば、それも違うらしい。先生ご自身がプラハに留学されていた際に、授業で採用されていた方式だという。

教育法というのは、こうやって伝わっていく。こうやって伝わっていくものしか、わたしは信じない。

生徒をモルモットのように扱い、あれこれ実験して、データを取り、論文を発表する。そういう方法もあるらしいが、それは魅力的な先生に出会ったことのない人の発想で、わたしには無縁である。

＊

口頭露訳では、簡単な応用問題を出すことがあった。基本的な構文は変えずに、単語を入れ替えるのである。

「わたしの名前はディアロです」 ←
「わたしの名前は◯◯です」

これは簡単だ。ディアロの部分を生徒の名前に替えればよい。あるいは「わたしの名前」を「彼の名前」に替えることもできる。
問題は、その次である。

「わたしはギニア人です」 ← ?

これだって、ギニア人を日本人に替えれば簡単である。だがわたしとしては新しく出てきた「ギニア人」という単語を使ってほしい。とはいえ、「彼はギニア人です」ではつまらない。どんな例文を作ればいいのか。

「オスマン・サンコンはギニア人です」

元外交官で、当時テレビでお馴染みだったタレントのオスマン・サンコン氏は、日本で知名度のある唯一のギニア人だった。

「わたしの家族はギニアに住んでいます」という例文も「オスマン・サンコンの家族はギニアに住んでいます」のように応用する。オスマン・サンコンの生格形を駆使しなければならないから、ハードルも上がる。他にも、マルチリンガルで知られる彼を題材にして「オスマン・サンコンはフランス語だけでなく、スペイン語も話せます」なんていう例文を練習させたことがある。

ということでオスマン・サンコン氏には、陰ながら非常にお世話になった。

問題は内容に関する質疑応答だった。これを即興で考えるのは難しいので、事前に準備しておく。だが、とくに笑えない笑い話について質問を作るのは、答える以上につらいものがある。

「この話はどこが面白いのでしょうか」

これだけは質問したくなかったので、なんとか別の問いをひねり出す。そのとき目指したのは、内容さえ分かっていれば、誰でも必ず答えられるような質問だった。

「ディアロの弟はなにをしていますか」

「ディアロはいまどこに住んでいますか」

「ペドロは何人《なにじん》ですか」

「ペドロのお父さんはなにをしていますか」

こういった単純な質問を用意して、生徒に答えさせる。やさしいロシア語だから、生徒は発音にも気を遣う余裕ができる。

一方で、次のような質問は避けたかった。

「あなたはこれについてどう思いますか」

このような質問は答えの幅が広く、会話としては面白い。話題が広がる可能性もある。だが生徒の表現力には、限界があることを忘れてはならない。自分の気持ちにぴったりの答え、ウケを狙った面白い答えを目指すと、頭の中には難しい内容が広がって、ロシア語でどう表現したらいいか分からなくなる。その結果、う〜んといって黙り込んでしまう。それではなんにもならない。予科の段階では、ロシア語でなにか面白い話をするのがまだ難しいのだ。

しかしである。

講師であるわたしは、ロシア語でなにか面白いことをいってみせる。ごく簡単な語彙と文法を駆使して、笑いを誘ってみせるのだ。

なぜか。

予科では限界があるものの、意外といろんな表現ができる。習った範囲内で工夫すれば、面白い答えも不可能ではない。そのことを生徒に気づかせるためである。

こういう経験をくり返していけば、生徒はやさしい語彙と文法を駆使することを覚えていく。難しいことを無理やりひねり出そうとするのではなく、自分のよく知っている範囲内で表現する。そういうときに発するロシア語は自然だ。反対に頭に浮かんだ内容を、そのままロシア語にしようとしたり、さらには和露辞典を引いてまとめようとしたりすると、でき上がる文はだいたい不自然である。

語彙と文法の限界は自分の限界。これを自覚するところから、外国語会話が始まるのではないか。

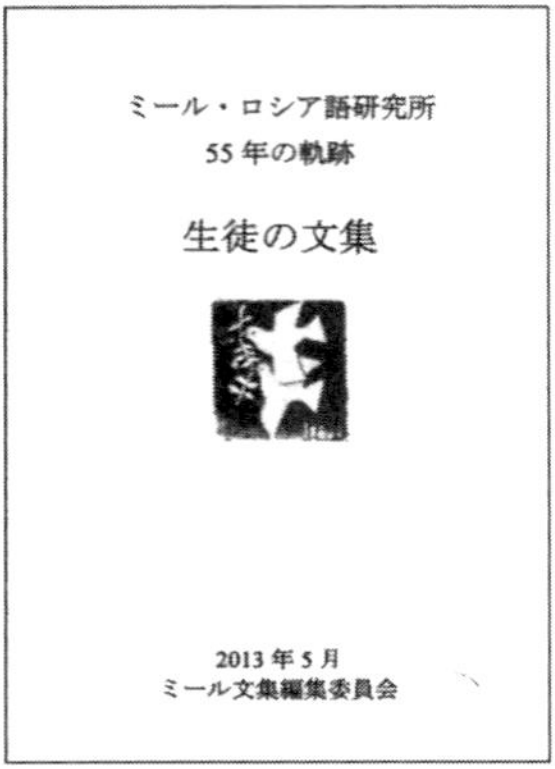

文集にはミールの歴史もまとめられている

*

『ミール・ロシア語研究所 55年の軌跡 生徒の文集』（ミール文集編集委員会編、非売品）には、歴代の講師について生徒からの寸評が寄せられているが、それによると、わたしの授業は傍から見ても、にぎやかだったらしい。「廊下に笑い声が聞こえてしまうほど、授業が盛り上がった」とある。

これは必ずしもミール方式というわけではなく、わたしの軽薄な性格のなせる業《わざ》である。まあ、ワイワイと盛り上がるクラスが多かったのは確かだ。とはいえ同じ文集には、黒田の発音指導が厳しかったともあるから、決して手は抜いていない。ちなみに、貝澤くんはひたすら真面目で厳しかったらしい。やはり性格が表れる。

笑い声の好きなわたしだが、講師としてミールでロシア語を教えていたとき、人知れず意識していたことがある。

生徒の発音を笑わない。

笑いとは真剣な場面ほど生まれる。みんなが真面目に発音するミールだからこそ、緊張のあまり生徒の発音が変なものになったり、ときには声が裏返ってしまったりといった、ちょっとしたハプニングがつきものなのである。クラスメートが思わず笑ってしまうこともあるだろう。

だが講師は笑ってはいけない。どんなに可笑しくても我慢する。

忘れられない思い出がある。

いまでは名前さえ覚えていないある女生徒は、子音《しいん》を連続して発音することができず、間に母音を入れてしまう癖があった。2を意味するдваのдとвの間に、母音oを思い切り挿入するのである。

どばー！

鼻血が噴き出すかのような音。わたしは訂正させなければならないのに、可笑しさがこみ上げてしまう。22はもっとすごい。

どばっつぁち・どばー！

笑いを我慢するあまり、息が苦しくなる。なんとか息を整えて、母音を入れないように注意し、お手本を示し、もう一回やるように指示する。

どばっつぁち・どばー！

チェーホフの『桜の園』に登場する執事のエピホードフは、「22の不幸」と呼ばれていた。22のような数字は、ロシア人には滑稽《こっけい》に響くらしいが、わたしにはこの発音が可笑し過ぎて、気も狂わんばかりであった。

それでも外国語講師は、無理にでも我慢するのである。自分は笑われてもいいが、生徒のことは笑わない。その方針は、いまも変わらない。

思い返せば、多喜子先生だってわたしの発音が可笑しくて、密かに我慢していたのかもしれない。自らが教えるようになって、はじめて分かることがたくさんある。

二十四歳の新米講師は、大学院とはまったく違うことをミールで学んでいた。

第九章　再びヘンな高校生の登場

キャラの立っている生徒について書いてください。

本書単行本版の担当編集者から、このような注文がきた。かつて上梓《じょうし》した『外国語の水曜日』（現代書館、改訂版は『外国語の水曜日再入門』白水社）に登場する、たとえばアンドレイ（といっても日本人）みたいに個性的な生徒が、懸命にロシア語を学ぶ姿を描けば、話はさらに面白くなるだろう。

ところが、これは難しい。

ミールの授業はいわば訓練である。ひたすら発音し、暗唱した成果を確認するといった、単純作業のくり返しが基本。個性なんてほとんど出ない。生徒のプライベートがすこしだけ顔を覗かせるのは、学習した内容を応用した質問と答えのやりとりくらい。それにしたところで、限られた文法や表現の範囲内である。それ以上は無理だ。

そもそも発音練習に個性はいらない。

個性的な発音は、むしろ下手な証拠。お手本どおりを目指すのだから、それも当然である。その結果、ミールで一定以上のレベルに達した生徒は、発音が驚くほど似通ってくる。

ある大学教師は「ミールの人って、みんな同じ発音だよね」と、小馬鹿にしたように語った。

わたしは気にしない。それでいいのだ。訓練を受け、型を作るというのは、そういうことである。個人の癖をそぎ落とし、正しい発音にすこしでも近づけるために、ひたすら練習することが大切。教える側としても、生徒の個性なんかに注目しない。

ちなみにその担当編集者も、実はミールで学んでいたことがあった。わたしが直接に教えたわけではないが、長いこと通っていたそうだ。真面目で誠実な人柄だが、キャラが立っているわけではない。

もちろん印象的な生徒はいた。ただし印象を残すのは、どちらかといえば困った生徒である。

たとえば、授業中にトンチンカンな質問をくり返す生徒。ミールでは発音練習に時間を割きたいのに、ロシア語の例文を詳しく分析して、文法について根掘り葉掘り質問してくる。こういう生徒が、外国語を身につけることはない。もしかしたら言語学者になるかもしれないが、外国語が身につかない言語学者なんて、それでいいのだろうか。

そもそも外国語学習は、教師から生徒への一方的な知識の伝達である。先生は常に正しく偉い。これがけっこうストレスなのだ。そのストレスを発散するために、生徒は質問を仕かけてくる。

ところが『標準ロシア語入門』は市販されている教材だから、必要な説明はすべて書いてある。質問なんてありえない。それなのに質問するのは、なにか別の理由がある。

自分を振り返ってみてもそうだった。未熟な時期は、つまらない質問を連発していた。それがなけなしのプライドだったのかもしれない。だがあるとき、それが間違っていることを悟る。初級段階で質問は不要。そう悟ったときに外国語は伸びる。外国語学習では、頭を一時的に空っぽにする必要がある。もちろん、永遠に空っぽでは困るのだが。

疑問に思うことが悪いわけではない。ただそれは将来に解決するとして、いまは発音練習と暗唱に努めてほしい。すくなくともミールではそうしてほしいのである。

ところが困った生徒は、授業中にくだらない質問をするだけに留まらない。

ある女生徒は、授業外にわたしの自宅へ電話をかけてきて、延々と質問を続けた。当時は個人情報に関する意識が低く、生徒が連絡先を教えてほしいというので、気軽に教えてしまったため、面倒なことになった。要領を得ない質問が続く。しかも本当に疑問を解決したいのかさえ怪しい。質問の間に個人的な話が交差する。実は自分のことを聞いてほしいだけではないのか。ほとんどストーカーのような電話攻撃に、わたしは辟易《へきえき》した。

わたしの電話嫌いは、この辺りに原因があるのかもしれない。

＊

すでに述べたように、わたしはミールのほかに、四谷の大学のコミュニティ・カレッジでロシア語を教えていた。クラスも入門から上級まであって、それなりに充実していた。

とはいえ、やはり限界はある。コミュニティ・カレッジで学べるのは、基本的には「趣味」のロシア語だから、本当の能力は身につかない。とくに多くの生徒が求める会話能力は、どう考えても無理だ。

会話がしたけりゃ、ミールに行かなきゃ。

コミュニティ・カレッジの授業で、わたしはこうくり返した。その影響で、ミールに通い始める生徒も出るようになってきた。外国語教室は、目的に合わせて選ぶべきである。

さらには大学生や大学院生も増えてきた。わたしの勧めに従って、いや、わたしとは限らず、貝澤くんなんかも勧めたらしいのだが、とにかく後輩たちが通うようになったのである。

会話能力を身につけようと思ったら、いくら大学や大学院で勉強してもダメ。ミールのような場所で、徹底的に訓練を受けなければならない。

そうなると、大学院では机を並べて一緒に勉強しているクラスメートが、ミールではわたしの生徒ということもある。これはひどくやりにくかった。早稲田大学に通っていたある女性は、ミールでわたしの授業に出ていたのだが、のちに同じ大学院に進学してくる。彼女はときどき、大学の諸先生方のいる前で「黒田先生！」と呼びかけるので、どうにも弱った。

＊

一九八〇年代以降のミールを語るとき、決して外せない人物がいる。香取潤《かとりじゆん》くんである。

彼と知り合ったのは、わたしが本郷の大学院生のときだった。四谷の大学時代の後輩が紹介してくれた。当時の香取くんは早稲田大学に学士入学して、ロシア語を学んでいた。慶応大学の仏文を卒業した彼は言語に広く興味があり、ルーマニア語とか、中世ロシア語とか、いろんなことをよく知っていて、話が合った。明るい性格の彼は、食通でもあり、どこからともなくよい店を見つけてくる。そういう店でビールを飲みながら、彼と遅くまで語り合うのが楽しかった。

その香取くんが、どうしてミールに通うようになったのか、実はよく覚えていない。早稲田大学の先生に勧められたのか、あるいは貝澤くんなのか。わたしがミールで学び、さらに教えていることは話したが、誘ったかどうかは定かでない。

とにかくあるとき、授業に行ってみれば、香取くんがニコニコと座っていた。それから数か月ほど教えたように記憶している。基礎はすでにできていたし、声が大きくて発音もよかったから、わたしは教えることなんてほとんどなかった。多喜子先生からもハラショーを連発されたことだろう。

のちに彼は別の大学院に進むが、修士課程を終えると通訳業に専念するようになった。さらにミールの講師となり、二十世紀末から二十一世紀にかけ、閉校までの二十年ほどを教えることになる。

わたしは香取くんのことを、最良の友人のひとりだと思っているのだが、彼はわたしのことを「師匠」と呼ぶ。もちろん冗談半分なのだが、わたしはなんだか落ち着かない。

あのさあ、弟子は取らない主義なんだけど。

そんなことをいっても彼は平気で、「そうなんですよね、ボクだけが例外なんですよね、師匠」とまったく取り合わない。まいった。

*

思い返せばいろんな生徒がいたのだが、ミールで教えた中でもっとも印象的なのは、ホリグチくんとムトーくんだろう。

ふたりは当時、高校生だった。

わたしが担当していた水曜日は、隣の教室で多喜子先生も教えていたのだが、ある日、廊下ですれ違ったとき、こんなことをいわれた。

「今度、黒田さんのクラスに高校生がふたり来ますので、よろしくね」

高校生？

「そうよ。かつての自分を思い出すでしょ。しっかり教えてください」

なるほど、歴史はくり返すらしい。

ホリグチくんとムトーくんは、同じ私立高校に通うクラスメートだった。その学校には、英語のほかに第二外国語があって、フランス語、ドイツ語、ロシア語の中から、彼らはロシア語を選んだのだという。

これはのちにホリグチくんから聞いたのだが、彼は高校の授業で興味をもったロシア語を、さらに勉強しようと考えて、あちこち問い合わせたのだという。その中のひとつがミールだったのだが、電話口で多喜子先生から「うちは音を作りますから」といわれたことに、興味をもったらしい。ああ、どこまでいっても、昔の自分を見るようだ。

ただし、外見はだいぶ違う。

ホリグチくんは当時、高校一年生だったのだが、はっきりいってわたしより年上に見えた。制服姿でなければ、大学生、場合によっては社会人でも充分に通用したはずである。

一方でムトーくんは、ずいぶん幼く見えた。彼がミールに通うようになったのは、ホリグチくんに誘われたからなのだが、ふたりが並んでいると同い年にはとても見えない。

だがそこはクラスメートなので、ひとこと口を開けば、ふつうの高校生としてタメ口をきいている。もちろん、仲がとてもいい。彼らは共に剣道部に所属していたので、ときどき剣道の道具を持ってミールにやって来た。青春まっさかりである。

大学生や大学院生が増えたとはいえ、ミールの生徒は相変わらず社会人が主流で、高校生はさすがに珍しかった。ふたりは同じクラスの大人たちから可愛がられた。要領のいいホリグチくんは、きれいなお姉さんの隣にちゃっかり席を占め、楽しそうに授業を受けていた。ムトーくんはといえば、遅刻して現れ、席を探していると、積極的なお姉さんから「ここにしなさい」と隣の席を示され、仕方なくそこに着いた。授業中、ムトーくんはこのお姉さんに、奴隷のように仕えていた……。

どんな生徒に対しても、ミールが目指すのはウダレーニエの強いロシア語の発音だから、努力する目標は同じである。ホリグチくんもムトーくんも、自分の番となれば真剣である。

ホリグチくんには苦手な単語があった。

университет「大学」

高校生である彼らには、ちょっと早い単語である。そもそも英語以外の語学書は、基本的に大学生以上を想定しているので、高校生から勉強を始めるとそういうこともある。とはいえ、彼らは大学付属の高校に通っているわけだし、いずれは必要となるのだから、ここはしっかり発音してもらいたい。

университет は確かに長い。「ウニヴィルスィチェート」と発音するのだが、最後の「チェー」にウダレーニエがあるのでここを強く、「ル」は巻き舌で、その前に冒頭の「ウ」は唇を円《まる》くすることなど、気を遣うことがいろいろある。

ホリグチくんは普段からおよそ緊張するタイプではないのだが、この単語が出てくると、途端に動揺する。

「うにべらしちぇーと」

不思議なことに、「ル」が「ら」になってしまうのである。ほかもいろいろ直したいところだが、一遍《いっぺん》には無理なので、わたしは「ら」を訂正することに集中する。

ウニヴィルスィチェート。

「うにべらしちぇーと」

ウニヴィルスィチェート。

「うにべらしちぇーと」

発音は、焦ると尚更《なおさら》できないものである。他ではさほど問題のないホリグチくんだからこそ、「大学」がいえない自分に驚く。間違いを指摘されればされるほど、どつぼにハマってしまう。以来、ホリグチくんには「うにべら」という渾名《あだな》がつく。

そばでムトーくんが笑っている。そういうときは急にムトーくんを指名して彼の苦手な単語を当ててやる。他の社会人生徒以上に、わたしは高校生に対して、容赦しなかった。それはかつての自分の姿と、重ね合わせていたからかもしれない。

ミールの学習に手加減は無用だ。

授業中どんなに厳しくしても、ふたりはわたしに懐《なつ》いてくれたし、わたしにとっても、ふたりは特別な生徒だった。

ホリグチくんは埼玉県の秩父《ちちぶ》から、東京にある高校に通っていた。ミールの授業後に、喫茶店でお喋りなんかしていれば、あっという間に帰れなくなる。そういうときは、都心に住むムトーくんの家に泊めてもらっていたようだが、わたしの家に泊めたこともある。高校生を外泊させるなんて、という非難は、彼の風貌《ふうぼう》を見れば、誰も思いつかない。

ふたりに会ったカミさんがいっていた。

ムトーくんは、ガラスのように繊細な青年だね。

ホリグチくんは、もうすっかりおじさんだね。

その後も、ふたりとは長いつき合いとなる。

ムトーくんは高校を卒業して、そのまま大学に進学する。彼は理系で、卒業後は企業に数年勤めたのち、独立して起業した。彼の新しい仕事の一部が、教育に関係していたこともあり、それに関連してときどき意見を求められ、連絡を取り合ったことがある。

緊密に連絡を取り合っているのは、ホリグチくんである。彼は高校在学中に交換留学生として、スコットランドのエジンバラで一年を過ごし、ムトーくんより遅れて、大学に進学する。彼は文学部で、ロシア語ともそれなりにつき合っていたようだ。

一九九四年、わたしは大岡山《おおおかやま》にある国立理系大学に就職するのだが、そのとき研究室の掃除を手伝ってくれたのが、ホリグチくんだった。当時は引っ越し作業を頼める教え子なんて、他にいなかったのである。彼はキャンパス内をいっしょに歩きながら、

「ここにいれば、ボクでも理系に見えますかね？」などと、呑気《のんき》なことをいっている。

ううん、まったく見えないよ。その前に、大学生に見えないから。

卒業後、彼は出版社に勤務する。一時は週刊誌の記者として、忙しく飛びまわっていたが、どんなに忙しくても定期的に連絡をよこし、すくなくても二年に一回は必ず

会っている。ときどき部署が異動になり、小説誌やノンフィクション単行本など、あちこちで活躍している。

＊

高校生であるホリグチくんとムトーくんに対して、ミールのクラスメートの社会人たちは、口々にこういっていた。

若いうちから始めれば、ロシア語がすごくうまくなるよ。

だがわたしはそうは思わない。

高校生は気まぐれ。

この年頃は、いろんなことに興味をもつものなのである。スポーツをやったり、楽器を演奏したり、鉄道を乗り継いで遠くに行ったりと、実にさまざまなことをやってみる。だがその大半は、大人になれば忘れてしまう。

それでも、なにかに取り組んだ経験だけは覚えている。ロシア語がどこまで身についたかは、いまの彼らにとってそれほど重要ではない。それよりも、高校の授業が終わって、部活をやって、そのあとでさらに都心まで出向いてロシア語を学んだ。そのことが貴重なのである。

わたしには、当時のふたりの心の中が想像できる。高校の授業とは別に、自分で学校を探して、成績とはそれほど関係ないロシア語を熱心に勉強する。それが、どんなに誇らしいことだったか。

大切なのは、高校を離れて活動したことである。

最近の高校は、いや大学までもが、生徒のためにすべてをお膳立てしてしまう。勉強以外にも、部活やサークル、ボランティア活動、海外留学など、学校に頼っていればなんでも経験できるコースが、整いすぎてしまった。教師はそれを当然として受け止め、保護者は面倒見のいい学校に期待する。

それは間違っている。

学校が用意してくれたコースで、どんなに積極的に参加したところで、そんな経験は所詮、お釈迦《しやか》様の掌《てのひら》の上にすぎない。失敗はしないけど、なにをやっても想定内、無難なものしか得られないのである。

ホリグチくんとムトーくんは、高校を飛び出して、夜学のロシア語学校に通い出した。そこでは、仕事のあとで勉強しに来る社会人の姿を見た。それだけでも貴重な体験なのだ。

さらには黒田という、トンデモナイ先生と出会ってしまった。これはどちらかというと、不幸だったかもしれないが、すくなくとも、学校が用意する無難な体験とは、大きく違う。

わたしは彼らと年齢が、十歳離れている。兄にしては離れているが、おじさんというほど年上でもない。その中途半端な年齢差が、わたしには快適だったのだ。

ふたりとは、ミールを離れてもよく会った。高校時代には、さすがにお酒は飲ませなかったけど、大学生になってからは一緒にビールを飲むようになり、それが楽しかった。ただしオジサン風の愚痴なんかいわず、それよりも彼らの話をたくさん聞いた。素直なふたりだから、その当時に考えていたこと、悩んでいたことを、あれこれ話してくれた。それをここで披露するとなったら、ふたりともやめてくれと懇願するだろうが、大丈夫、わたしだってロクに覚えちゃいない。

高校生を夢中になって教えていたわたしは、気がつけば二十代の半ばを超えていた。

第十章　レニングラードからペテルブルグへ

この物語はミール・ロシア語研究所を中心に描かれているが、一九八〇年代末から九〇年代前半のわたしは、他にもいろんなことをしていた。

四谷の大学のコミュニティ・カレッジで教えていたことは、すでに書いた。通訳の仕事は声がかかれば、国内でも海外でもホイホイと出かけた。外国語の勉強も、チェコ語やポーランド語の授業に出席しながら、ウクライナ語を独学で始めていた。なによりも、中世ロシア語のテキスト分析をテーマに、修士論文を書き上げ、博士課程に進学してからは、曲がりなりにも学会発表をしたりしていた。

これだけいろんなことをやっていれば、生活においてミールが占める割合は相対的に下がることになる。実際、生徒として授業を受けることは、徐々にすくなくなっていた。

それでも、一夫先生の授業はなるべく出席していたし、自らが師範代を務める授業のほうは、休まず続けていた。これはほとんど無意識で、水曜日となれば、足が自然と代々木に向かったのである。

かつて『外国語の水曜日』（現代書館、改訂版は『外国語の水曜日再入門』白水社）という本を上梓した。大岡山の国立理系大学を舞台に書いたのだが、実をいえばわたしの「外国語の水曜日」は、それ以前から始まっていたのである。

＊

ミールの授業は坦々《たんたん》と進んでいったが、一方で、世の中は大きく変化しつつあった。一九八九年のベルリンの壁崩壊により、わたしがつき合っていたスラブ圏の国々は、社会体制が変わっていった。ソビエト連邦も一九九一年に崩壊する。メディアでは連日、この地域の動乱が報道されていた。

それでもロシア語を学習したい人は相変わらずいたし、ミールに通う生徒の数も、増えこそすれ、減ることは決してなかった。

だが『標準ロシア語入門』の内容が、現実からだんだんと乖離《かいり》していく。これはばかりは、仕方がなかった。

たとえば「ソ連」という単語に実感が湧かない。

「ソ連では、新学年は九月に始まり、七月に終わります」（十四課）

このような例文は、「ソ連」を「ロシア」に替えなければならない。だがそれによって、文法的にはすこし難しくなる。

「ソ連」を表わすСССРは、「ソビエト社会主義共和国連邦」Союз Советских Социалистических Республик の略称である。四つの単語の頭文字を集めたСССРは不変化なので、入門書では使いやすい。場所を示す前置詞 в と結びつく前置格形も、そのまま в СССР である。

ところが「ロシア」Россия になると、前置詞 в と結びつけば в России となって、語尾が違ってくる。まあ十四課は前置格形がテーマだから、むしろそのほうが好都合なのだが。

とにかく「ソ連」は例文に頻出するので、悩むことが多かった。

「ソ連には十五の共和国があります」（三十課）

……これは過去形で教えたほうがいいのかな。

「ソ連は世界最初の労働者と農民の社会主義国家です」（三十三課）

歴史的事実としては、まあいいのだろうけど。

「ソ連は社会主義を建設した。いま、ソ連国民は共産主義を建設しつつある」（十五課）

これなんか、完全に使えないよなあ。どうしよう。

使いにくくなった地名には、実はもうひとつあった。

「以前はレニングラードに住んでいました」（十三課）

このレニングラードが、一九九一年からペテルブルグに替わってしまったのである。正確には替わったのではなく、戻ったのであり、一七〇三年にピョートル大帝によって創建されて以来、一九一四年まで使われていた名称が、復活したわけである。

だがここでも難しい問題があった。「ペテルブルグ」は Петербург でいいのか、それとも正式なサンクト・ペテルブルグ Санкт-Петербург とすべきなのか。さらには日本語表記も「サンクト」と「ペテルブルグ」の間には「・」を入れるべきなのか、それとも不要なのか、そもそも「ペテルブルグ」なのか、「ペテルブルク」なのか。悩みは尽きないが、さりとて答えてくれる人は誰もいない。この先どうなるかなんて、誰にも予想がつかなかった。

地名変更が次々と発表される中で、「レニングラードも、いつかはペテルブルグになっちゃうんでしょうかね」と、ミールの授業中に話したことを覚えている。それくらい、「ペテルブルグ」復活は実感がなかったのである。

だがそんなことは、たいして重要ではなかった。

地名の多少の変更なんてものは、ロシア語の基本構造とは、なんの関係もない。ソ連からロシアになっても、格変化は相変わらず六種類だし、動詞にはやっぱり完了体と不完了体がある。学習者が学ぶべきことは、ちっとも変わらない。日本だって、東京の「業平橋《なりひらばし》」という駅名が「とうきょうスカイツリー」になったりするではないか。

時代錯誤の例文が、歴史的な知識として優れていることもある。「ソ連は社会主義を建設した。いま、ソ連国民は共産主義を建設しつつある」（十五課）という例文のおかげで、社会主義は実現したけれど、共産主義は実現しなかったことが分かる。当たり前だと思われるかもしれないが、だとすれば「共産主義時代のロシア」のような表現が、平気でまかり通るのはなぜか。社会主義と共産主義の区別ができない人は、確実に増えている。

実際には、「ソ連」や「レニングラード」が残っているロシア語参考書は、多くが消えていった。『標準ロシア語入門』でも、改訂版では「ソ連」は「ロシア」になり、「レニングラード」は「サンクト・ペテルブルグ」になった。ちなみに十五課の例文は、次のように変わった。

「彼らはホテルを建設しています」


ソ連からロシアに変わって、よいこともあった。これまでほぼ不可能に近かった留学に、行けるようになってきたのである。それでも国家間の交換留学制度が始まったばかりの頃は、いろいろ不慣れなこともあって、手続きなどが大変だったらしい。だが当時の大学院生を中心に、モスクワやレニン……じゃなくてサンクト・ペテルブルグに留学して、研鑽《けんさん》を積む者が増えていった。貝澤くんも留学した。

残念ながら、わたしは機を逸してしまった。行きたくないわけじゃなく、むしろ積極的に行きたかったのだが、修士論文の提出があったり、父親が急死したり、さらには自分が結婚してしまったりして、日本を離れることができなかったのだ。

そのおかげで、ミールの授業が続けられたのである。それに加えて、四谷の大学のコミュニティ・カレッジや、ときどき依頼される通訳をこなせば、定職がないままに結婚しても、経済的になんとかやっていけそうだった。本当は、カミさんがすでに大学の助手だったことが、なにより大きいのだが。

当時の大学院では、博士論文を提出する者が徐々に現れ始めた。それまでは慣例的に、文学系の博士号は一生の締めくくりみたいな感じで、定年後の名誉教授が書くものという雰囲気だったが、それが変わり始めた頃だった。四月の大学院ガイダンスでは、大学院生が一堂に集められたのだが、あるとき専攻長の先生が、博士論文の執筆について一人ひとりに尋ねた。

あなたは博士論文を書きますか。

はい、書きます、という積極的な回答が多かったのだが、試験と並んで、論文の苦手なわたしは、博士号なんてどうせ無理だと考えていたので「独自の道を歩んでいきます」と婉曲《えんきょく》に答えた。博士論文は書きません、在学の期限が切れたら退学します、というつもりで弁明したのである。ところが周囲の教師と大学院生から、黒田が大学助手のカミさんのヒモになるらしいと、ウワサされたりした。

まあ、そういわれても仕方がないのだが。

ヒモになるつもりはなかったが、それと同時に「研究者」になるつもりも、ほとんどなかった。

＊

これは現在の大学院生と大きく違う。

理系は昔からそうだったのかもしれない。だがいまの大学関係者は、たとえ文系が専門であっても、教員も大学院生も一様に研究者であるという意識が高い。せっせと研究に勤しみ、論文を書き、それを学会で発表することを、最重要課題として捉えている。実際、そういう態度でなければ、大学院にはいられないシステムが、できてしまったようだ。

だが幸いにして、わたしの頃はもっとのんびりしていた。なにをやっているのか知らないが、いつまでも博士課程にダラダラと在籍している人もすくなくなかったし、それを非難する風潮もなかった。

もちろん、せっせと研究に勤しみ、論文を書いている優秀な人もいた。ただ単に、わたしがそういうタイプではなかったのにすぎない。

わたしが興味のあったのは研究ではなかった。ロシア語をはじめ多くの外国語を学ぶことで、その結果として通訳をしたり、教えたりできれば、それで満足だったのである。

外国語の研究ってなんなのだろう。

ロシア人以上に優れたロシア語研究が、外国人にできるのかな。

確かに、母語話者が最高の研究者とは限らない。外国人が鋭い指摘をすることもあるだろう。だがどっちみち、論文の苦手なわたしには、研究なんてできそうにない。

だから研究者は諦めて、しばらくは通訳として働き、ゆくゆくはロシア語教師として生きていければ、それでいいや。

そんなふうに考えていたので、試験と論文からは逃げ回る一方で、通訳と教育には熱心だったのである。

＊

博士課程三年目のとき、大学の非常勤講師となった。

在籍中に非常勤講師だなんて、いまではちょっと考えられないが、当時はそれで問題なかった。周囲を見回しても、大学院生で大学非常勤講師をやっている者は、何人もいた。

教えに行くことになったのは、千葉県の幕張《まくはり》にある私立大学である。当時は開学からまだ十年も経っておらず、英語専攻のために、ロシア語が第二外国語として開講されたのは、ほんの一年前のことだった。初年度はひとりの非常勤の先生が初級を二コマ担当していたが、二年目になればその続きとして、中級をさらに二コマ開講しなければならない。そこで、すでに働いている非常勤講師が初級一コマに中級一コマ、わたしも初級一コマに中級一コマ、それぞれ週に一回教えに行くことになった。常識的なカリキュラム編成である。

すでに教えていた非常勤の先生とは、わたしは面識がなかった。新学期まであと一か月ほどとなった頃、そろそろ打ち合わせくらいしておいたほうがいいかなと考え、恐るおそる電話をかけてみたところ、相手からは意外な答えが返ってきた。

「わたしは辞めます！」

えっ、そうなんですか。わたしはなにも聞いていないのですが。

「そうでしょうとも。わたしは辞めるつもりなのに、ケシカランことに専任教員と連絡がつかないのです！」

なんだか機嫌が悪そうなので、わたしは早々に電話を切り、事務などでお世話になっている専任教員に連絡してみた。その頃には、非常勤の先生と連絡がついたようだったが、かなり困惑していた。

「そうなんです、理由は分からないのですが、なんだか突然お辞めになるとのことで、こちらとしても非常に困っているのです」

そうでしょうねえ。それで、代わりはどなたが受けもつのですか。

「それが、この時期では新たに非常勤人事を起こすのも難しくて……。そこで誠に申し訳ないのですが、黒田さんに週二回お願いすることは、できませんでしょうか」

ということで、わたしは大学で一気に四コマを担当することになってしまった。

大学で教えるのは、これがはじめてだった。初級と中級を二コマずつ、つまりこの大学のロシア語教育を、ひとりですべて受けもつわけだが、すでに教育経験はあったので、たいして心配もしていなかった。ただし大学では、これまでと同じように教えられないことも、充分に理解していた。

ミールはもちろん、コミュニティ・カレッジの授業も、主として社会人が、身銭を切って習いに来る。疲労のあまり居眠りすることはあっても、不真面目であるはずがない。

そのような真剣さは、大学生一般には望めない。しかも専攻ではなく第二外国語である。やる気のある学生ばかりではないことは、火を見るよりも明らかだ。

まあ楽しく勉強をさせて、本気で勉強したい学生が現れたら、ミールを勧めればいい。そんなつもりでいた。

ところが実際に教えてみれば、大学生たちは想像以上に真面目だった。期待は嬉しい方向に外れた。

ただし、ロシア語中級の受講者は、みんな萎縮《いしゅく》していた。突然辞めた非常勤の先生がよっぽど厳しかったようで、初級の単位が無事に取れるまでには、相当シゴカレたらしい。ロシア語に恐怖心をもった大学生たちは、今度の先生はどれほど厳しいのだろうかと、不安そうに見つめる。真面目なのはいいが、これでは困る。最初の仕事は、彼らを安心させることだった。

一方ロシア語初級の受講生は、はじめて学ぶ外国語に目を輝かせていた。一生懸命に発音し、丁寧に文字を練習し、真面目に課題をこなす。おかげで予想していたよりも、ずっと上達していく。再履修者もそれに釣られ、同じように熱心に勉強している。受講者数は二十人を超え、いつもわいわいと楽しいムードであった。

もちろんミールのような授業はできない。それでも発音はなるべく丁寧に指導し、単語テストもこまめにおこない、学生の理解度を常にチェックしながら着実に進めていった。

夏休みが近づき、あと数週間で期末試験となった。大学なので成績を出す必要があり、そのためには試験が欠かせない。試験の嫌いなわたしだから、出題するのだって嬉しくはないが、どうにも仕方がない。授業中に、期末試験についての心得を、簡単に話した。

最後のテストに向けて、学習した内容をよく復習してください。これまでいくら熱心に出席して、単語テストをこなしても、最終的に実力がついていなければ、なんにもなりませんから。

わたしが発したこの何気ない一言が、面倒なことを引き起こした。

翌週のロシア語初級の授業を、何人かがボイコットしたのである。前年に初級の単位を落とした再履修者たちだった。

彼らの言い分はこうだ。これまで熱心に出席し、単語テストも真面目に受けてきたのに、結局は期末試験なのか。これじゃ去年の先生と変わらない。ロシア語なんかもうイヤだ。

わたしはボイコットした学生たちに、次回は必ず出席するように同級生を通じて伝えた。そして全員が揃ったところで、出席や単語テストも考慮することを約束し、心配しないで期末試験に臨むように諭《さと》した。

学生たちは納得した。

＊

わたしはこのちょっとした事件を通じて、大学は見返りを求める場所であることを学んだ。

見返りとは単位だったり、好成績だったり、延いては卒業だったりするが、とにかく大学生は、そういうものを求めて授業に通うのである。誰もが分かっていることではないか。知的好奇心などと、綺麗ごとをいってはいけない。大学で教える者は、現状をしっかりと把握する必要がある。

大学だけではない。世間だって、外国語学習には見返りを求めるのが、ふつうとなっている。その最たるものが資格試験だ。外国語はスポーツのように、級やスコアを競うものになってしまった。資格がなければ、自分の実力が示せない。外国語能力は、人に見せびらかすものらしい。あるいは留学して、現地に長期にわたって滞在したことを盾にとり、自分の能力を誇示する。

人はなんらかの見返りを求めて、外国語を学ぶ。

でも。

ミールには見返りなんてなかった。

大学みたいな単位はない。多喜子先生に指定されるまま、クラスに出席する。発音が悪ければ指摘される。文法が間違っていれば直される。期末試験で成績が悪ければ、同じクラスをやり直し、よければ上のクラスに上がり、そこでさらに厳しい授業を受ける。

そこになにがあるというのか。

お金が儲《もう》かるわけではない。仕事が見つかるわけでもない。資格が得られるわけでもない。そもそも卒業なんて果たしてあるのか。いつまで経っても先があり、最終クラスの研究科は、ほぼエンドレス。外国語の勉強は、無限に続くのである。

それが当たり前だと、わたしは信じていた。

思い返せば、ミールは本当に不思議な空間だった。

なんであそこまで、熱心になれたのか。授業は厳しくて、途方に暮れたこともあったけど、基本的にはいたって呑気で、いつもルンルン気分で通っていたのだから、世話はない。

東一夫先生と多喜子先生に認められたかったのか。

それはある。

どうして?

それはお二人のことを、「本物」だと信じていたからである。そしてわたしは「本物」に、限りない憧れをいだいていたのだ。

ところが大学では、誰もが「本物」を求めているわけではない。出席というポイントを集めて単位を取り、単位というポイントを集めて卒業する。それが大学というシステムだ。そして大学では、そのシステムに相応しい教育をしなければならない。

非常勤講師をはじめた翌年、わたしは就職した。国立理系大学の専任講師として、第二外国語のロシア語を教えることになったのである。これから教える理系大学生にとって、ロシア語は選択必修科目にすぎない。わたしはそれに相応《ふさわ》しい教育を目指して、工夫することを考えた。ミールとは違う方法を、模索しなければならなくなったのである。

就職に伴い、わたしは十二年にわたって通い続けた、ミール・ロシア語研究所を去ることにした。この先、わたしは「本物」のロシア語を、習うこともなければ、教えることもない。すくなくとも当時は、そんなふうに考えていた。

ロシア語が勉強したいだけのヘンな高校生は、二十九歳になっていた。

第Ⅲ部　再び教師として

第十一章　突然の閉校

二〇一三年二月、わたしはＮＨＫのスタジオで、ラジオ講座「まいにちロシア語」の収録をしていた。

テレビと違い、ラジオは少人数で製作する。ディレクター、音響係、ロシア人講師、そしてわたしの四人がいれば、とりあえず収録できる。

そこへときどき顔を出すのが、テキストの編集者である。ＮＨＫのテレビやラジオの外国語講座には「テキスト」という名の雑誌があり、学習者はこれを教科書として学んでいく。テキストと放送内容は、必ず一致していなければならない。そのため収録の現場には、ゲラを持った編集者が現れ、打ち合わせをしたり、最終的な確認をしたりするのである。

その日は収録も順調に進み、半分近くを終えたところで休憩となった。わたしは勧められるお菓子は遠慮し、コーヒーをガブ飲みしながら一休みする。

茶飲み話の際、テキストの編集者がふと、こんな話をした。

「そういえば、ミールが閉校になるらしいですね」

……え？

「黒田先生はかつて、ミールに通っていらしたんですよね」

それはそうだけど。

「ご存じありませんでしたか。人づてに聞いたのですが、三月いっぱいで終わりらしいですよ」

数週間後、某出版社を通して、M新聞の記者がミールの閉校について、取材を希望していることが伝えられた。マスコミのインタビューは苦手だが、今回は別である。すぐに新聞記者と直接に連絡をとり、日時や場所を決める。

三月二十五日、神保町《じんぼうちょう》の喫茶店に現れたアオシマ氏は、わたしが知るどんな新聞記者よりも穏やかな人だった。紅茶専門店でコーヒーを啜《すす》るわたしに、アオシマ氏が最初に語ってくれたのは、自分もまたミールで学んだということだった。きっかけはわたしが『その他の外国語』（現代書館、改訂版は『その他の外国語エトセトラ』ちくま文庫）に書いた「ロシア語学校M」だという。

わたしはアオシマ氏に、自分が生徒として通っていた頃の思い出や、講師として教えていたときのエピソードを、とりとめなく喋った。ミールがもうすぐなくなるかと思うと、さまざまな記憶が押し寄せるように呼び覚まされ、系統立てて話すことなんて、無理だった。

このときの話は、四月二日付のM新聞に「露語専門校　半世紀で幕」というタイトルで掲載された。長年教えてきた講師として、香取くんのインタビューのほかに、わたしの談としては、「外国語の勉強の仕方をここで学んだ。建て付けが悪く、薄暗い教室で同じやり方を続け、ここだけ時が止まったようだったが、永遠ではなかった」とある。

それで思い出した。ここでは触れられていないが、ミールの机についても語ったように思う。

奥の教室の机は当初、卓が薄くて赤っぽくて、すこしガタガタしていた。大学生のわたしはうっかり、なんだかラーメン屋のテーブルみたいですねと、正直な感想を多喜子先生にいってしまった。失礼な話である。数年後、そのテーブルが取り替えられた。あれ、新しくなりましたねというわたしに、多喜子先生は「そうですよ、黒田さんがラーメン屋みたいというから、取り替えたんですよ」と笑った。いやはや、先生は覚えていらしたのだ。外国語の先生はこのくらい記憶力がよくないとダメなのか。

とはいえ、わたしが知る限り、教室内の備品で変わったのはそれくらいだった。だからこそ、永遠を信じたかったのである。

＊

話は戻って、取材翌日の三月二十六日、アオシマ氏と記事について確認の連絡を取り合っている際に、入門科の最後の授業が三月二十七日にあることを知らされた。午後七時五十分に授業が終わり、そのあと、午後八時から多喜子先生を囲んで会食があるという。香取くんも駆けつけるらしい。

出かけなければ。

ミールに向かうのは、何年ぶりだろうか。

代々木には、すこし早めの午後七時四十分くらいに到着した。平和ビルの廊下は相変わらず暗かったが、そこにはすでに何人かが待っている。知らない人ばかりなのに、向こうはわたしに会釈する。なぜだろう。

授業は奥の教室でおこなわれていた。東多喜子先生の声が、はっきりと聞こえる。そのあとに続く生徒の声は、やはりウダレーニエが弱い。当然ながら、多喜子先生が訂正を求めている。

三十年、なにも変わっていない。

本当に閉校するんだろうか。


授業が終わったらしい。教室から女性がひとり出てきた。こちらを見ながら満面の笑みを浮かべていることが、薄暗い廊下でもよく分かる。誰に微笑んでいるのだろう。後ろを振り返っても、誰もいない。

「黒田先生ですね。授業が終わりましたので、どうぞ」

わたしは促されるままに、教室へと入った。

「まあ、黒田さん！」

多喜子先生は、文字どおり、まったく変わっていなかった。

会食は、代々木駅の反対側にあるイタリア料理店でおこなわれた。こんな洒落《しゃれ》た店がいつからあるのか、駅前の中華屋ばかり利用していたわたしには、想像もつかない。集まったのは二十人ほどだろうか。知り合いはアオシマ氏くらいだが、誰もがわたしに挨拶する。拙著を読んだという人も多かった。いつの間にか、わたしはミールで有名人になっていた。

なにかひとこと挨拶を、と促されたので、わたしは日本語でこう話した。

「黒田です。かつてミールで勉強し、しばらく教えていました」

誰もが笑う。そんなこと知っているよといった顔である。話題を変える。

「みなさん！　先ほどから見ていれば、多喜子先生と日本語で話しているじゃないですか。そんなことじゃダメです！　ミールの生徒だったら、多喜子先生とはどんなときでもロシア語です。わたしなんか、先生と一対一の授業を受けて、その晩は熱が出たくらいなんですから」

再びみんなが笑う。いや、笑いごとじゃないんだって。

とかいいながら、すでに現役の生徒ではないわたしは、生まれてはじめてといっていいくらい、多喜子先生と日本語でたくさん話をした。ロシア語を学びたいだけのヘンな高校生は、小言が多く、ずうずうしい中年男になっていた。

このときの会食は若い人ばかりだったが、懐かしい人々と再会したのは、それから二か月後、五月二十五日の「ミールの会」だった。

この会はそれまでにも年一回、開催されていたが、閉校が決まった二〇一三年は、『生徒の文集』がまとめられたこともあり、多くの卒業生が駆けつけた。かくいうわたしも、この会に参加したのは、これがはじめてだった。

会場は最終回の授業後と同じ、代々木のイタリア料理店だった。恐るおそる入っていくと、受付を待つ人が列をなし、すでに大賑《おおにぎ》わいである。会場には知っている顔がたくさんあった。かつて通訳でいっしょに日本各地を巡った先輩たち。大原さんから「あ〜ら、ドラコーンチク！」と声がかかる。池田さんや玉城さんの顔も見える。筆塚さんの姿のないことが悲しい。

藤沼敦子先生もいらっしゃっていた。かつて入門科で教えていらした頃と、まったく変わっていない。わたしは貝澤くんの隣に座った。彼はクールに、ヨオ、久しぶりと挨拶した。やはり変わらない。ミールで教えると年齢を忘れるのか（例外は香取くん）。

ずいぶん多くの人が集まったが、全員がスピーチをした。その内容は実に多様で、わたしよりもだいぶ以前に勉強した人の話もあれば、ごく最近まで通っていた人の話もある。前方には特別席があって、東多喜子先生を中心に、早稲田大学の井桁貞義《いげたさだよし》さんなど、「重鎮」が席についていた。

スピーチの順番が回ってきた。わたしはこんなふうに始めた。

「皆さんはミール・ロシア語研究所が閉校となってしまったことを、大変に悲しんでいらっしゃいます。それはわたしも同じです。

でも正確にいえば、ミールはまだ閉校していません」

会場にドヨメキが起きる。

いったい、どういうことなのか。

第十二章　最後の講師として

三月二十七日の最終授業後の会食に、香取くんはすこし遅れて登場した。彼と会うのも、ずいぶん久しぶりである。風貌は、他の講師に比べると多少は変わったが、愛想のいいところは、相変わらずである。

「久しぶりじゃないですか、師匠」

その、師匠はやめて。

香取くんは、わたしが大学に就職してミールを辞めたあとも、二十年の長きにわたって入門科と予科で教え続けた。これだけ長く務めた講師は、一夫先生、多喜子先生を別にすれば、ミールの歴史を振り返っても、他にいないのではないか。

ただし、彼の主たる職業は通訳である。しかもわたしがバイトでやっていたような観光通訳ばかりでなく、ビジネス関係でも仕事をするプロなのだ。中央アジアを中心に、ロシア語通訳の第一線で活躍しているらしい。

「どうも多喜子先生、遅れましてすみません」

「香取さん、相変わらずお忙しいのね」

「そうなんです、いろいろありまして。それで申し訳ないのですが、来週と再来週、やっぱり授業ができないんです」

「そうですか。仕方がありません。それでは土曜日は二回分、休講としましょう」

え？

いったい、なんのことだろうか。

ミールの授業は、今月をもってすべて終わりではないのか。多喜子先生によれば、

「そのつもりだったんですけど、入門科と予科のクラスが中途半端になってしまったんです。留学が近い人もいるというのに。そこで例外的に、二クラスだけは八月まで、補講することにしたんです」

そうだったんですか！

わたしは香取くんのほうに向きなおる。

それなのに、休講なの？

「ええ、四月にはちょっと外せない通訳の仕事が以前から入っていて、それで多喜子先生には申し訳ないのですが、二回ほどお休みさせていただくことになって」

なるほど、そういう事情があったのか。

だけどさ、もうあと何回もないミールの授業が、この段階で休講になっちゃうのは惜しいよね。

「そうなんです。だから本当に申し訳なくて」

……だったら、わたしが代講しようか？

これを聴いていた、現役の生徒たちがどよめく。

代講を務めたことは、以前にもあった。

一九九四年四月以降も、わたしは忙しい香取くんに代わって、ピンチヒッターで授業を受けもった。入門科と予科だったら、いつでも教えられる。むしろ久しぶりに教えるのが、楽しかった。

だがそれも、九〇年代までだった。二十一世紀になってからは、代講することもなくなってしまう。それどころか、二〇〇三年からは大学でロシア語を教えることすらなくなった。教壇に立つのは、英語や言語学の授業ばかり。ロシア語は入門書を執筆したり、ラジオ講座を担当したりはしていたが、生徒を前に授業をおこなうことは、ざっと十年ほどの空白があった。

しかし、そこはミールである。

自信があった。

とはいえ、しばらく「留守」にしている間に、ミールの授業には当然ながらいろいろと変化があった。

まず教材が違う。

懐かしい『標準ロシア語入門』は、改訂されていた。例文の一部が差し換えられ、ソ連がロシアに、レニングラードがサンクト・ペテルブルグに替わったことはすでに触れた。その他にも、社会主義建設はホテルの建設になり、レーニンの誕生日はプーシキンの誕生日になった。

だが、そんなのはすべて瑣末《さまつ》なことである。改訂に際して新たに吹き込まれたＣＤの声に、多少の違和感はあるものの、授業のやり方に影響はない。

予科のテキスト『ロシア語を話しましょう』

一方、予科で使っていた『言語能力発達教材』は、すでに使われなくなっていた。無理もない。ギニア人とキューバ人が、モスクワの寮で同室だという設定は、二十一世紀には相応しくないだろう。それに合わせて、笑えない笑い話がなくなったことは、むしろ救いかもしれない。

では代わりに、どんな教材が指定されたかといえば、ハブローニナの『ロシア語を話しましょう』だった。

これは、旧ソ連時代のロシア語初級読本のベストセラーで、さまざまな言語による解説で出版されていた。善良なる模範的ソビエト市民の日常生活を通して、語彙や表現を増やしていくようになっている。ミールで習ったことはほとんどなかったが、四谷の大学ではこれで学んだし、コミュニティ・カレッジでは、これを使って教えたことが何回もある。

ただし、この『ロシア語を話しましょう』も改訂されていた。ソ連崩壊後、市民生活が大幅に変わったわけだから、それも当然だろう。授業前に、改めて全体に目を通す。

改訂版は、基本的に旧版を継承していた。第一章は「自分についてすこし」、第二章は「わたしたちの家族」のように、構成も同じだ。だが全十九章は十五章に圧縮されていた。中には「アルチョーム、コンピュータを買う」や「ビジネスの世界」といった、かつてのソビエト社会では考えられないようなテーマが、新たに加えられている。M物産で教えているときに、これがあったらよかったのに。

本文の内容もすこし違っている。かつては模範的なソビエト市民しか登場しなかったが、新版では、たとえば非の打ちどころのなかった弟のニコライは、エネルギッシュではあるものの、あまりにも多くのことに興味をもちすぎるため、だらしないところがあり、「自分のやりたいことや、すると約束したことをやり遂げるのに、時間が足りなくなってしまうことも稀ではない」人間になっている。婉曲表現を重ねているので、文法も以前より複雑だ。そのほか、離婚家庭で養育費が滞《とどこお》っていることについての会話もある。語彙も難しい。

オレーグとマリーナの時代ではないのだ。

＊

四月六日、わたしは定刻の午後六時二十分すこし前に、ミールに到着した。廊下にはすでに、生徒が何人か待っている。変わらない風景だ。

ロシア語で挨拶を交わし、わたしは手前の教室の鍵を開けて、生徒を中へと招き入れる。生徒はそれぞれ席に着く。定位置が決まっているのだろう。これも昔と変わらない。

引き出しの中を探る。わたしが残していった辞書が、まだ置いてあった。『標準ロシア語入門』や、そのカセットテープもある。授業中、すこしだけ戻して音を聴かせるためには、CDよりもカセットテープのほうがいい。幸い、改訂版にもカセットテープがあり、わたしは持参したものをダブルデッキのプレーヤーにセットする。このプレーヤーも、その昔わたしがもち込んだものだ。

準備はできた。だが教室には三人しかいない。多喜子先生からは、人数がもうすこし多いように聞いていたが、まだ時間が早いのかな。

わたしは生徒たちに質問する。

「Который час?《何時ですか?》」

誰も答えない。仕方ないな。わたしは近くに座った大学生に、同じ質問をくり返す。

「Который час?《何時ですか?》」

テキストの音声教材はカセットテープ　撮影：篠田英美

そのときの驚きは、いまだに忘れない。彼女は一瞬戸惑って、それから自分のカバンの中をゴソゴソと探し、スマートフォンを取り出したのである！

そうなのだ。いまどきの大学生は、腕時計をしていない。

時間は、確実に流れていた。

もちろん入門科も予科も、基本は変わっていない。わたしは発音練習に時間をかけ、口頭で和文露訳をさせながら、暗唱ができているか確認する。生徒は四苦八苦しながら、わたしの発音を真似ようと努める。そう、ウダレーニエはもっと強く！

それよりも変わっていたのは、わたしのほうであった。三時間も教えると、もう息も絶え絶えなのである。かつて水曜日は、昼に幕張の大学で二コマ教え、夜はミールで入門科と予科で大きな声を出していたことが信じられない。

代講は二回では済まなかった。わたしが受けもつことで安心したのか、香取くんはその後も休みがちで、四月六日、十三日のほか、二十日、二十七日、五月十一日と、一か月以上も土曜日が忙しくなった。その後、しばらくは休めたが、曜日を水曜日に替えてもらったあとも、六月五日、七月三日、十日、八月二十一日と、結局、九回も担当したのである。

まさに体力勝負であった。

夜の授業を受けもつのが、いかに疲れるか。かつて二十代のわたしには、それが実感できていなかった。四十を過ぎてはじめて、多喜子先生の負担が本当の意味で分かったのである。

閉校も納得せざるをえない。

実をいえば、わたしは二〇〇七年に大学を辞めた頃、ミールに戻ろうかと密かに考えていた。仲のいい同僚からも、黒田くんは原点に戻って、お世話になったロシア語学校で教えたらどうかと、アドバイスされた。それもいいかなと考えたのだが、声もかかってもいないのに、こちらから押しかけでミールの講師をやりたいといったら、多喜子先生もご迷惑だろうからと、連絡はしなかった。それでも、いつか機会が巡ってこないかと、どこかで期待している自分がいた。

ミール入門科で最後の授業　撮影：篠田英美

それ以前に、自分の体力が続かないことを、忘れていたのである。

ミールがなくなると聞いたとき、一瞬だが、わたしがあとを継ぐことはできないかと、考えたことがあった。ミールの教育方法が、このまま失われていくのは惜しい。さりとて、大学では無理だ。幸い、いまなら香取くんや貝澤くんといった、ミール方式の教え方を知っている人もいる。彼らの協力を仰ぎながら、なんとか再建できないものか。

だが、それは驕《おご》りというものだった。ミールのような手作りの授業は、教師が身を削る思いで生徒につき合って、はじめて成立する。週一回の代講をしたくらいで疲れているようでは、お話にならない。そのうえ、大学の非常勤講師をかけもちしたり、執筆活動や講演を続けたりするのは、どう考えても不可能である。

だからせめて、この学校のことを書き残そうと考えたのだ。

＊

二〇一三年八月二十四日、多喜子先生は最後の授業をおこなった。これが本当に最後である。授業終了後、生徒たちは会食を計画したが、多喜子先生は参加しなかった。そこで代わりにわたしが駆けつけ、集まった生徒たちとミールの閉校を惜しんだ。

すべてが終わった。わたしはひと月後に、四十九歳になろうとしていた。

エピローグ　他のやり方は知らない

こうしてミールの授業はすべて終わった。これ以上の補講はない。代々木駅の東口を出て、いくら階段を上ったり下りたりしたところで、「ロシア」に行き着くことはないのである。

とはいえ、平和ビルは今でもそこに建っている。ミールのあった、あの二つの教室も、物理的には存在する。

実をいえば、ミールが閉校になった直後、わたしはこの二つの教室のうち、せめて一つは借りられないものかと、半分は冗談で、それでも半分は本気で考えていた。あの教室に身を置けば、日々の暮らしの中で忘れそうな大切なものを、思い出すことができるのではないか。そんなこと、他の学校では想像したこともない。ミールの教室は、わたしにとって特別な空間で、それを所有したくなったわけである。

ちなみに先日会ったムトーくんも、似たようなことをいっていたので、驚いた。彼は現在、代々木で小さな会社を経営しているのだが、手狭になったオフィスを替えるために、物件情報を探していたら、平和ビルが目に留まったという。彼が見つけたのは、ミールのさらに上の階。「あそこにオフィスを構えたらどんな気分かなって、ちょっと考えちゃいましたよ」


もちろん、ムトーくんもわたしも、実際に借りたわけではない。

たとえ借りたとしても、果たして期待するような効果があるかは疑わしい。学校とは物理的な場所ではない。生徒がいて、教師がいて、それが個性的な雰囲気を作る。ミールがなくなってしまった現在、元教室を確保したところで、あの「空気」は戻ってこない。

学校とはなんなのか。

現在、日本の大学はどこも非常にきれいである。清潔で、最新の設備が整い、セキュリティーは万全で、さらには洒落た空間で一休みできる。景気のいい企業と変わらない。

つまりオフィスなのである。

ところがわたしは、オフィスのようにきれいな大学に身を置くと、居場所がなくて落ち着かなくなってしまう。なんだか嘘っぽい。わたしには、ミールのちょっと怪しい空間こそが、非常にリアルだった。

きれいで整った空間で外国語を学ぶのって、どのくらいリアルなんだろ。

教室がきれいでも、あるいはそうでなくても、『標準ロシア語入門』が一冊あれば、わたしはなにも知らない人に、ロシア語の基礎を一とおり教えることができる。半年あれば、ロシア旅行で最低限のことが表現できるくらいまで育ててみせる。音声教材がなかったら、自分の発音で教えよう。場所にしても、思い切り声が出せれば、どこだっていい。無人島で、『標準ロシア語入門』が手に入らないときは（なぜ無人島でロシア語を学ぶかはともかく）、自分の記憶を頼りに、砂浜に文字を書きながら、教える。

わたしはミールで、そんな能力も養った。

だが、それを発揮する場はない。

講演会で外国語学習について話していたとき、こんな質問が出た。

「ひたすら発音して、暗唱してという、ミールの方法をどう思いますか」

答えは決まっていた。

わたしはそれ以外に知らない。

本当に、知らないのである。

あとがき

学校は物語と相性がいい。

学校を舞台とし、学生生活を通して主人公が成長していく文学や小説は多い。ただしその物語は、一人ひとり違う。たとえ同じ時間と空間に身を置いても、誰の視点で描くかによって、まったく別のものになる。

それもまた、学校の物語の特徴なのである。


本書の中で描かれているのは、あくまでも「わたし」のミールにすぎない。ミールの物語は決して一つではなく、生徒の数だけ存在する。

わたしは自分が入学する以前の、一九七〇年代までのミールは知らない。さらに講師を辞めたあとの一九九四年から二〇一三年についても、詳細は把握していない。

そもそも自分の記憶がどこまで正確なのか、自信のない箇所もある。手元の資料は限られている。それでもわたしは、すくなくともこの物語を自分の過去と信じて、ここまで勉強してきた。このことは、紛れもない事実である。

学校の物語とは、そういうものではないか。

まるで取り憑《つ》かれたかのように、ロシア語に熱中していたあの頃。『ロシア語だけの青春』なんて、なんとも恥ずかしいタイトルだが、事実なのだから仕方がない。ミールに通わない人生はありえなかった。それだけは間違いない。

東多喜子先生は本書に対して、いったいどんな感想をもったのだろうか。「まあ黒田さんたら、そんなことを考えていたのね」と笑われそうだ。そう、生徒は授業を通していろんなことを考える。そんな心の内を、教師が知ることはあまりない。

教師に限らず、外国語を学ぶ者の心のうちを、他人が知ることはふつうない。そのためか、本書の単行本版が上梓されたときは、反響が大きかった。わたしのロシア語に対する熱意を賛美する方と、ロシア語教育法について注目する方が多かったが、実をいえばどちらも実感がない。熱意は自分ではわからないものだし、教育法はわたしのオリジナルではない。ミールでわたしに習っても、実際はお手伝いしたのにすぎないのだから、正確には教え子ではない。ミールのメソッドについては一夫先生や多喜子先生に伺うしかないのだが、それも今では叶わない。一夫先生が亡くなられたことは本文でも触れたが、多喜子先生も二〇二二年十月に亡くなられたと、数か月経ってから人づてに聞いた。

本書は、現代書館のホームページに二〇一七年四月から二〇一八年二月にかけて連載されたものを加筆訂正し、さらに第Ⅱ部以降を新たに書き下し、二〇一八年三月に刊行された。文庫化に当たり、かな遣いや表現の一部は改めたが、執筆当時の雰囲気を残すため、基本的には変更していない。

＊

単行本では現代書館元編集部の小林律子さんにたいへんお世話になりました。彼女はミールでロシア語を学んだひとりです。また写真を提供してくださった写真家の篠田英美さんも、やはりミールの元生徒です。本書はお二人をはじめ、ミールとかかわりのある、さまざまな方々に助けていただきながら、誕生しました。また文庫化では河内卓さんにお世話になりました。すべての方へ深謝いたします。

二〇二三年三月

黒田龍之助

ミール・ロシア語研究所が入っていた平和ビル（2023 年 3 月）

解説

貝澤　哉

「ミール・ロシア語研究所」――それは、かつて代々木駅裏手のとある雑居ビルのなかにひっそりと居を構えていた、わずかに教室二つだけの質素で小さなロシア語会話教室だった。

しかし、ミールはまた、とくにロシア語やロシア関係のさまざまな仕事に従事する多くの人たちの間では、ずっと伝説のロシア語学校でもあった。なぜなら少々大げさに言えば、どんな人でもやる気さえあれば、週二回熱心にミールに通うことで、わずか半年程度で生活に最低限必要な基本的会話を、しかもネイティヴの人たちが聞いても訛《なま》りが感じられないくらい流暢な発音で身につけることができたからだ。

実際、現在も活躍しているプロのロシア語通訳や翻訳家、各分野のロシア関係の専門家、大学教員、ジャーナリスト、ビジネスマン、公務員等のなかにも、じつに数多くのミール出身者がいる――でもいったいどんな教え方をしたら、そんな夢みたいなことが可能になるのだろう？　たとえば今の日本の義務教育の英語科目や、大学の第二外国語科目で、たった半年習っただけで生活に困らないほどの会話力が身につくなんて想像できるだろうか……。

その答えを知りたければ、ぜひともこの『ロシア語だけの青春』を開いてみるとよいだろう。この本は、高校時代からミールに通いつづけてロシア語を身につけ、語学の専門家となった著者、黒田龍之助がミールでの学習体験を綴《つづ》った貴重な記録であり、ここには当時のミールの教育法が、著者本人の青春時代の思い出とともに生き生きと、かつ詳細に再現されているのである。

本文をお読みになればおわかりのように、じつは私も著者とほぼ同時期にミールに通った一人である。同じ教室で何年もともに過ごしただけでなく、授業が終わると毎週のように飲みに行き、後にはガイドや通訳のバイトも一緒にこなし、またミールの講師としてもともに働いた。いわば戦友なのだ。だから、以後この解説では著者のことを親しみを込めて黒田くんと呼ばせてもらうことにする。この意味で『ロシア語だけの青春』は、私にとっても、さまざまな思い出や貴重な体験がよみがえる、かけがえのない特別な本である(ただし、私がつねにダメだしを喰らわなかったかのように書いてあるのは誇張か記憶違いで、実際には発音やイントネーション、ディスカッションでの表現などよく直されたものだった)。

複数の大学で語学を専攻した黒田くんは、それでも自分の「母校」はミールなのだと断言する。つまり、彼の語学学習や言語学への興味の究極の原点であり、つねに振り返るべき出発点はミールなのだ。「他のやり方は知らない」とまで黒田くんは言う。これは同じ体験をした私にもよく理解できる。どこでロシア語を習得しましたか、と聞かれたら私も迷わず、大学ではなくミールです、と答えるだろう。それほどにミールでの体験は強烈でありまた効果的だった。もっと早く、中学・高校の英語の授業で似たような機会を持てたなら、自分の人生そのものが変わっていたかもしれないと思ったことも一度や二度ではない。

では、ミールの何がそれほどまでにすごかったのだろうか。黒田くんがこの本で何度も強調しているのは、語学学習には先生たちの熱意が必須だということ、また誰に習ったのか、つまり、すぐれた先生のかけがえのない個性との出会いと持続的な信頼関係が重要だ、ということだ。実際ミールという学校は、創設者の東一夫先生、多喜子先生の存在と熱意なしには考えられない。他の講師たちもたくさん教えていたけれど、ミールはつねに一夫先生、多喜子先生のミールだった。

一夫先生は独自の教授法を編み出しただけでなく、受講者一人一人の発音やイントネーションから会話の内容にいたるまでつねに注意深く見守り、それを少しでも上達させることに恐ろしいほど熱心だった。私の頃にはさすがになかったが、先輩たちに聞くと、昔は口の中に指を突っ込んで舌の正しい位置を教えることもあったという。また多喜子先生も厳しく発音を指導していたが、それにくじけた受講者がつい欠席しがちになると、かならず自宅に電話をかけて、座っているだけでもいいから授業に出てくださいね、と励ますのが常だった。たまに私が遅刻して途中から教室に入るといつも、「遅くてもやらないよりましです Лучше поздно, чем никогда.」と言う。こうして受講者たちは、先生を悲しませないように授業だけは出ないと、という気にさせられていくのである。

しかしもちろん、ミールで何よりもユニークだったのは、黒田くんも指摘しているとおり、発音とイントネーションだけでなく、例文自体を徹底的に体に叩き込む、暗唱中心のメソッドだろう。黒田くんは「暗唱してこなかった学習者の外国語は底が浅い」と暗唱・暗記の重要性を強調しているが、これもまた十分納得できる。というのも、どんな言語だろうと、人間の言葉は基本的につねに、他の誰かによってすでに言われたこと／書かれたこととしてしか学べないからだ。

文法や構文や単語だけをいくら学んだとしても、それを機械の部品のようにして、私たちは自分ひとりで勝手に言葉を組み立てられるわけではない。これまで過去の人々がさまざまなテーマについてどう語ってきたのかを、つまり大げさにいえば言葉の歴史的用例を、少しでも多く覚えていればいるほど、しゃべることも聞き取ることも楽にできるようになるのはごく自然な道理だ。だとしたら、一見合理的・効率的に思える文法解説中心の授業などよりも、膨大な例文を反射的に口に出せたり聞き取れたりできるようになるまで反復練習するほうが、より遠回りで労力がかかるように見えても、じつははるかに効率のよい方法なのではないだろうか。

実際、黒田くんも書いているように、ミールでは、初級教科書や分厚い会話帳の全例文の丸暗記にはじまり、中級の読本、言語地誌や歴史の教科書のテキストなどを完全に暗記させ、それを露語和訳と日本語露訳の双方向で、考える間も与えず瞬時に答えさせる訓練にほとんどの時間を費やしていた。私も本科の一夫先生の授業で、黒田くんたちとともに、当時のゴルバチョフ書記長の長い演説の全文などを苦労しながら暗記し、口頭で和訳・露訳させられたものだが、そのおかげで、公式の政治的発言に特有の文体やレトリック、語彙などが自然に身につき、それ以来、現地の新聞やテレビニュースに接するのに何の労力もいらなくなった。

こうしてみると、黒田くんが「頭で理解するより体で覚える。まるで体育会系だ」と感じたのは、きわめて重要なことのように思われる。発音や「ウダレーニエ」（アクセント）を不自然なほど大声で発声させるのも、日本人は実際にしゃべるときには声が小さくなって発音が不正確になるから、と説明されていた記憶があるけれど、じつはロシア語特有の音をなまなましい身体感覚としてじかに体に叩き込むことこそが本当の狙いだったのかもしれない。膨大なテキストの暗唱やその間髪入れぬ和訳・露訳の訓練も、いわば反射的に、理屈ではなくまさに肌感覚で自然に文体や語彙、文法形式などが感じ取れるようにするためなのだろう。黒田くんが感じた、「「体育会系ロシア語」が、体にすこしずつ沁み込んでいく」感覚こそ、ミールのメソッドの特徴をもっとも簡潔に言い表しているのではないだろうか。

こんなふうにミールのロシア語は、日本の学校教育の語学にありがちな規格化された受験テクニック的な文法パズルや、辞書という名の乱数表でヨコの単語をタテに置き換えて暗号を解くような機械的な和訳とも、実用性という名の功利性だけを追求し、言葉を便利なビジネスツールや自分に箔《はく》をつけるアクセサリーのように扱いがちな会話教室ともちがって、外国語が自分の生きた身体のなかで、過去に使われた言葉たちのさまざまな歴史とかかわりながら、自然な感覚としておのずと浸透し息づいてくることを目指していたのだと言えるかもしれない。それは、たんなる語学知識の習得ではなく、大げさに言えば、熱意ある先生たちとの出会いと感化のなかでしか起きない、自分自身の体や感覚、そして意識までもが大きく変容をとげる稀有《けう》な体験だったはずだ。

この貴重な体験をもし「成長」と呼んでいいのなら、『ロシア語だけの青春』を、黒田くんが学校を舞台とした青春物語になぞらえているのも心から頷《うなず》けよう。ミールの物語には、まさにこうした親しみやすい青春物語の語り口こそがいちばんふさわしいのである。さすが、学生時代から物語や小話《アネクドート》を語るのが絶妙にうまかった黒田くんならではだと感心する。もちろん、まさか私自身もそんな青春物語の一キャラクターとして登場させられるとまでは予想していなかったけれど……。しかしこのミールの物語に登場できたのは、やはりとても光栄なことだと思う。というのも、他では決して味わえなかったはずの稀有な語学体験を学生時代に黒田くんたちと共有できたことが、自分のその後の人生や仕事にとっても大きな転機となり糧《かて》となっていることは間違いないのだから。私もやはり「他のやり方は知らない」のである。

本書は二〇一八年三月に現代書館より刊行された『ロシア語だけの青春――ミールに通った日々』を文庫化したものです。

ポケットに外国語を　黒田龍之助

言葉への異常な愛情で、外国語本来の面白さを伝えるエッセイ集。ついでに外国語学習が、もっと楽しくなるヒントもつまっている。（堀江敏幸）

その他の外国語エトセトラ　黒田龍之助

英語、独語などメジャーな言語ではないけれど、世界のどこかで使われている外国語。それにまつわる面白いけど役に立たないエッセイ集。（菊池良生）

世界のことば　アイウエオ　黒田龍之助

世界一周、外国語の旅！　英語や日本語といった身近な言語からサーミ語、ゾンガ語まで、100のことばについて綴ったエッセイ集。（高野秀行）

20カ国語ペラペラ　種田輝豊

30歳で「20カ国語」をマスターした著者が外国語の習得ノウハウを惜しみなく開陳した語学の名著であり、心を動かす青春記。（黒田龍之助）

台所から北京が見える　長澤信子

36歳で中国語を始め、40歳で通訳に！　勉強に没頭する日々、学習のコツ、中国文化の面白さ……語学学習者、必読の名著。一章を増補。（黒田龍之助）

韓くに文化ノオト　小倉紀蔵

ハングル、料理、宗教、文学、街……韓国のさまざまな文化について知りたいひとは必読のエッセイ集。『韓国語はじめの一歩』を改題・大幅に増補。

英語に強くなる本　岩田一男

昭和を代表するベストセラー、待望の復刊。暗記やテクニックではなく本質を踏まえた学習法は今も新鮮なわかりやすさをお届けします。（晴山陽一）

英単語記憶術　岩田一男

単語を構成する語源を捉えることで、語の成り立ちを理解することを説き、丸暗記では得られない体系的な英単語習得を提案する50年前の名著復刊。

英熟語記憶術　岩田一男

英語のマスターは熟語の征服にかかっている！　単語を英語的な発想法で系統的にとらえることにより、派生する熟語を自然に理解できるよう目指す。

英絵辞典　岩田一男　真鍋博

真鍋博のポップで精緻なイラストで描かれた日常生活の205の場面に、6000語の英単語を配したビジュアル英単語辞典。（マーティン・ジャナル）

ロシア文学の食卓　沼野恭子
前菜、スープ、メイン料理からデザートや飲み物まで。「食」という観点からロシア文学の魅力に迫る読書案内。カラー料理写真満載。（平松洋子）

そこから青い闇がささやき　山崎佳代子
紛争下の旧ユーゴスラビア。ＮＡＴＯによる激しい空爆の続く街に留まった詩人が描く、戦火の中の人びとの日常、文学、希望。（池澤夏樹）

あしたから出版社　島田潤一郎
青春の悩める日々、創業への道のり、編集・装丁・営業の裏話、忘れがたい人たち……「ひとり出版社」を営む著者による心打つエッセイ。（頭木弘樹）

ガケ書房の頃　完全版　山下賢二
京都の個性派書店青春記。２００４年の開店前からその後の展開まで。資金繰り、セレクトへの疑念など本音で綴る。帯文＝武田砂鉄（島田潤一郎）

わたしの小さな古本屋　田中美穂
会社を辞めた日、古本屋になることを決めた。倉敷の空気、古書がつなぐ人の縁、店の生きものたち……。女性店主が綴る蟲文庫の日々。（早川義夫）

地理学者、発見と出会いを求めて世界を行く！　水野一晴
キリマンジャロ登山、ペルーの悪徳警官、ドイツ留学生活、ケニア山氷河の後退、天国の島ザンジバル……地理学も学べる冒険調査旅行記。（都留泰作）

柴田元幸ベスト・エッセイ　柴田元幸編著
例文が異常に面白い辞書。名曲の斬新過ぎる解釈。そして工業地帯で育った日々の記憶。名翻訳家が自ら選んだ、文庫オリジナル決定版。

愛についてのデッサン　野呂邦暢　岡崎武志編
夭折の芥川賞作家が古書店を舞台に人間模様を描く「古本青春小説」。古書店の経営や流通など編者ならではの視点による解題を加え初文庫化。

昭和前期の青春　山田風太郎
名著『戦中派不戦日記』の著者が、その生い立ちと青春を時代背景と共につづる。「太平洋戦争私観」「私と昭和」等、著者の原点がわかるエッセイ集。

平成古書奇談　横田順彌　日下三蔵編
鬼才・横田順彌による初書籍化となる古書ミステリ。主人公の馬場浩一が馴染みの古書店で出会う古書をきっかけに本にまつわる謎に巻き込まれる。

ちくま文庫

ロシア語《ご》だけの青春《せいしゅん》

二〇二三年六月十日　第一刷発行

著者　黒田龍之助（くろだ・りゅうのすけ）

発行者　喜入冬子

発行所　株式会社　筑摩書房

東京都台東区蔵前二―五―三　〒一一一―八七五五

電話番号　〇三―五六八七―二六〇一（代表）

装幀者　安野光雅

印刷所　株式会社精興社

製本所　株式会社積信堂

ISBN978-4-480-43889-8　C0187